Sekundarstufe

F. Heitmann & U. Stolz

Religion und Ethik

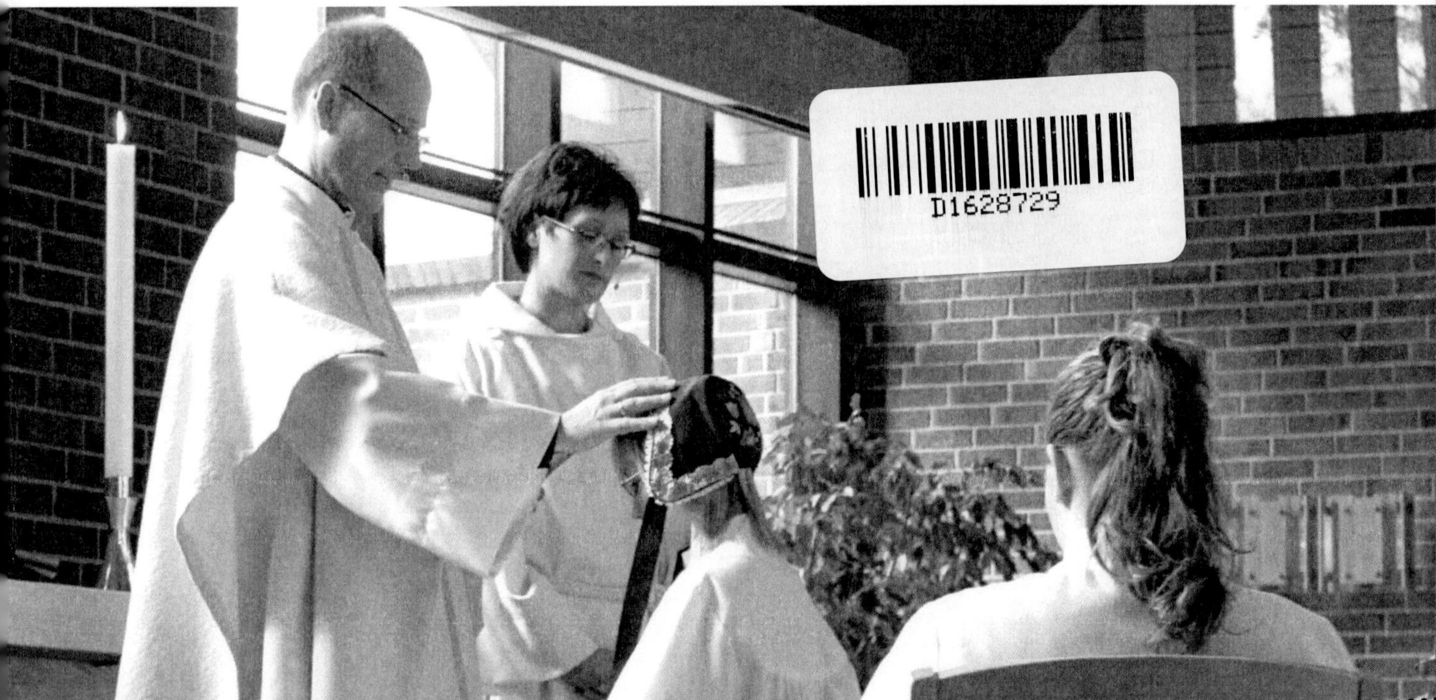

Kurz, knapp und klar!

Grundwissen zu Religion und Ethik leicht vermittelt

Lernen mit Erfolg
KOHL VERLAG
www.kohlverlag.de

Religion und Ethik

Grundwissen kurz, knapp und klar!

2. Auflage 2015

Inhalt: Friedhelm Heitmann & Ulrike Stolz
Grafik & Satz: Kohl-Verlag
Druck: farbo prepress GmbH, Köln

Bestell-Nr. 19 041

ISBN: 978-3-95686-587-9

Inhalt

Inhalt

KOHL VERLAG
RELIGION UND ETHIK
Grundwissen kurz, knapp und klar! – Bestell-Nr. 19 041

Vorwort

Sehr geehrte Kolleginnen und Kollegen,

Religion ist immer auch mit Fragen der Ethik verbunden – oder umgekehrt – je nachdem, bei welchem dieser beiden Gebiete man sich mehr zu Hause fühlt.

Der vorliegende Band kann (bis auf kleine Ausnahmen) für jeden Religionslehrer* eine Bereicherung darstellen, wenn er mit den Schülern gemeinsam den Weg zur selbstständigen Meinungsbildung gehen möchte. Die Themen sind so gewählt, dass sie zum Großteil auch im christlichen Religionsunterricht bearbeitet werden, aber auch große zentrale Eckpunkte im Fach Ethik sind.

Die Themen befassen sich mit Bereichen aus dem Alltagsleben der Schüler sowie mit wichtigen Konfliktfeldern unserer Gesellschaft. Sie können alle Kopiervorlagen auch einzeln (max. 3 zusammenhängende Seiten) einsetzen. Großer Wert wurde darauf gelegt, dass sich die Schüler eine eigene und unabhängige Meinung bilden können.

Das vorliegende Unterrichtsmaterial war Grundlage für zahlreiche erfolgreiche Diskussionen, egal ob im 5. oder im 10. Schuljahr. Die Schüler lernten, ihre Meinung zu äußern und Stellung zu beziehen. Die Diskussionen beleuchten darüber hinaus die verschiedensten Aspekte und Meinungen zu einem Themenbereich.

Die vorliegenden Kopiervorlagen sind seit vielen Jahren praxiserprobt und führten bei den Schülern stets zu positiven Rückmeldungen.

Ein herzliches Dankeschön gilt an dieser Stelle auch Melanie Schweitzer, die tatkräftig mit wertvollen Ratschlägen zur Seite stand.

Viel Freude und Erfolg beim Einsatz der Kopiervorlagen wünschen Ihnen der Kohl-Verlag und

Friedhelm Heitmann & Ulrike Stolz

**Mit den Schülern bzw. Lehrern sind im ganzen Heft selbstverständlich auch die Schülerinnen und Lehrerinnen gemeint!*

Bedeutung der Symbole:

EA **Einzelarbeit**

PA **Partnerarbeit**

Arbeiten in kleinen Gruppen

Arbeiten mit der ganzen Gruppe

1 Die Religionen der Welt

Religion - was ist das?

EA

Aufgabe 1: *Setze die folgenden Begriffe in die Lücken ein!*

Atheist - Christen - Glauben - Glaubensfreiheit - Götter - Naturreligionen - Religion - Sekten - Welt - Weltreligionen

a) Der Begriff __________________ kommt aus der lateinischen Sprache. (religio [lateinisch] = Glaube(n), Gottesverehrung)

b) Das Fach Religion befasst sich mit dem ______________ von Menschen an einen Gott oder mehrere Götter bzw. andere höhere Wesen.

c) Die alten Ägypter, Griechen, Römer sowie Germanen glaubten an viele

________________________ .

d) Auf der ________________ gibt es zahlreiche Religionen. Gläubige Menschen beten, besuchen Gottesdienste und führen auch sonst ihr Leben entsprechend ihrer jeweiligen Religion.

e) Heute wird meistens von folgenden fünf (großen) _________________ gesprochen: Hinduismus, Judentum, Buddhismus, Christentum und Islam. Diese sind sehr alt.

f) Die Juden, _______________ und Anhänger des Islams (= Mohammedaner, Moslems) kennen jeweils nur einen Gott.

g) __________________ verehren ihre Götter bzw. das Göttliche in Naturerscheinungen, Pflanzen oder Tieren.

h) Kleinere Glaubensgemeinschaften (z.B. die Zeugen Jehovas) bezeichnet

man als ________________ (sec(u)tus [lateinisch] = befolgt). Meistens haben sich die kleineren Glaubensgemeinschaften von großen Religionen oder größeren religiösen Gemeinschaften getrennt.

i) In Deutschland besteht das Grundrecht der ______________________ , d.h. jeder kann den Glauben wählen und ausüben, den man für richtig hält.

j) Jemand, der glaubt, dass es keinen Gott gibt, wird _________________ genannt. (atheos [griechisch] = gottlos, ohne Gott)

1 Die Religionen der Welt

EA

Aufgabe 2: **a)** *Was hast du inhaltlich von der Aufgabe 1 behalten und verstanden? Formuliere eigene Sätze. Notiere deine Sätze zunächst auf einem Extrablatt, bevor du sie in Schönschrift in dein Heft schreibst!*

b) *Tausche deine Notizen mit deinem Partner aus! Was kannst du noch ergänzen?*

EA

Aufgabe 3: *Im Buchstabengitter verstecken sich mehrere Wörter, denen ihr schon in der Aufgabe 1 begegnet seid. Findet sie und erklärt, was sie mit den „Religionen der Welt" zu tun haben!*
(Ein Tipp: Es sind 8 Wörter! Sie verstecken sich waagrecht, senkrecht und diagonal)

R	F	E	V	A	S	J	I	L	P	Ö	A	W	H	X	W	B	R
G	E	R	D	E	G	Ö	T	T	E	R	Z	U	I	N	A	S	A
D	E	L	E	B	E	N	S	F	Ü	H	R	U	N	G	I	S	T
C	S	D	I	D	E	T	I	B	E	W	O	L	D	Ü	K	W	H
I	E	A	K	G	N	W	A	S	G	R	U	A	U	K	F	B	E
K	K	C	W	E	I	V	E	T	L	K	O	W	I	U	E	R	I
A	T	M	O	L	W	O	H	E	T	A	L	C	S	L	S	I	S
D	E	D	W	B	Z	I	N	A	G	M	M	R	M	A	W	K	T
W	N	S	E	C	T	B	I	X	W	B	Z	I	U	W	B	A	E
S	B	W	C	I	L	O	P	A	W	V	R	E	S	S	U	W	N
N	A	T	U	R	E	R	S	C	H	E	I	N	U	N	G	E	N

KOHL VERLAG
RELIGION UND ETHIK
Grundwissen kurz, knapp und klar! – Bestell-Nr. 19 041

EA

Aufgabe 4: *Erläutere, was dir die folgende Karte vermittelt!*

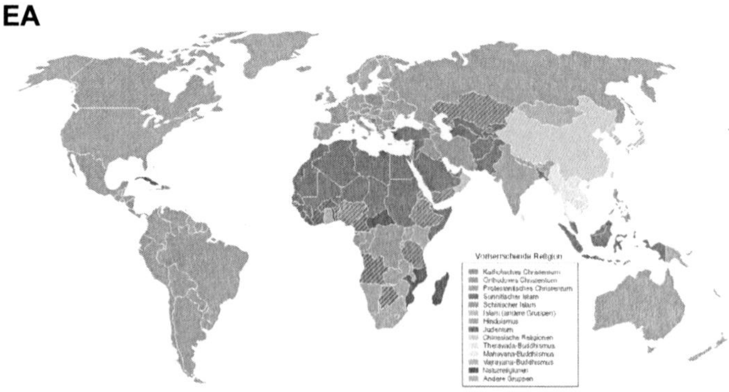

Anhänger der fünf größten Weltreligionen:

Stand 2005 (6,5 Mrd. Weltbevölkerung)

Judentum	ca. 15 Millionen
Christentum	ca. 2.300 Millionen
Islam	ca. 1.300 Millionen
Hinduismus	ca. 850 Millionen
Buddhismus	ca. 450 Millionen

Verbreitung der Weltreligionen (Stand 2005):

Judentum	Israel, Vereinigte Staaten, Frankreich, Kanada sowie in kleinen Gruppen auf der ganzen Welt
Christentum	Europa, Süd- und Nordamerika, Zentral- und Südafrika
Islam	Naher Osten, Nordafrika, Zentral- und Südostasien
Hinduismus	Indien, Nepal, Bangladesh, Sri Lanka, Bali
Buddhismus	Süd- u. Ostasien, China, Bhutan, Japan, Thailand, Tibet u.a.

Entwicklung der Weltreligionen:

Prognose für das Jahr 2050

Judentum	ca. 17 Millionen
Christentum	ca. 2.700 Millionen
Islam	ca. 2.200 Millionen
Hinduismus	ca. 1.200 Millionen
Buddhismus	ca. 550 Millionen

Judentum: ______________________________

____

____

Christentum: ______________________________

____

____

Islam: ______________________________

____

____

Hinduismus: ______________________________

____

____

Buddhismus: ______________________________

____

____

Judentum

EA

Aufgabe 5: *Setze die folgenden Begriffe in die Lücken ein!*

Davidstern - Gesandten - Geschichte - Israel - Jahwe - Juden - Sabbat - Sünden - Synagogen - Thora

a) Das Judentum ist von der Zahl der Gläubigen her die kleinste Weltreligion.

Die Anhänger dieser Religion heißen __________________. Mit diesem Wort sind auch die Angehörigen des Volkes gemeint.

b) Eine größere Anzahl der Juden lebt in dem seit 1948 in Vorderasien bestehenden Staat ____________________ , die übrigen wohnen weltweit verteilt auf der Erde (die meisten in den USA).

c) Im Laufe der ____________________________ wurden die Juden oft verfolgt und vertrieben.

d) Die Juden glauben an einen Gott, der bei ihnen _____________ heißt.

e) Sie betrachten sich als das von Gott auserwählte Volk. Die Juden warten noch auf den ___________________________ Gottes, den Messias.

f) Bekannte Zeichen des Judentums sind der sechszackige ____________ , der aus zwei miteinander verbundenen Dreiecken besteht, sowie der siebenarmige Leuchter.

g) Die Kirchen der Juden heißen ______________________, die jüdischen Geistlichen nennt man Rabbiner.

h) Bei den Juden ist der __________________________ (= Samstag) der wöchentliche Ruhe- und Feiertag.

i) Jom Kippur ist ein besonderer jüdischer Feiertag. An jenem Tag bitten die Juden Gott um die Vergebung ihrer _____________ (= Versöhnungstag).

j) In der ____________________ sind wichtige Dinge des Judentums aufgeschrieben, darin sind die 5 Bücher Mose enthalten.

KOHL VERLAG
RELIGION UND ETHIK
Grundwissen kurz, knapp und klar! – Bestell-Nr. 19 041

EA

Aufgabe 6: *Was hast du inhaltlich von der Aufgabe 5 behalten und verstanden? Formuliere eigene Sätze! Achte darauf, dass sie auch von einem Fremden, der nicht über das Judentum Bescheid weiß, verstanden werden!*

EA

Aufgabe 7: *Informiere dich, worin der größte Unterschied zwischen dem Judentum und dem Christentum liegt!*

KOHL VERLAG RELIGION UND ETHIK Grundwissen kurz, knapp und klar! – Bestell-Nr. 19 041

Christentum

EA

Aufgabe 8: *Setze die folgenden Begriffe in die Lücken ein!*

Bibel – Gebote – Gläubigen – Gott – Katholiken – Kreuz – Nazareth – Pfingsten – Römer – Sohn

a) Das Christentum ist die Weltreligion mit den meisten__________________. Auf der Welt leben derzeit über 2 Milliarden Christen (= ca. 33 % der Weltbevölkerung).

b) Die Christen sind benannt nach Jesus von __________________, der den Beinamen Christus trägt. Das Wort Christus kommt aus der griechischen Sprache und heißt in die deutsche Sprache übersetzt „der Gesalbte“.

c) Der Jude Jesus (Christus) lebte vor ca. 2000 Jahren in der römischen Provinz Judäa. Er wurde von einem __________________ zum Tode verurteilt und hingerichtet.

d) Für die Christen ist Jesus (Christus) Gottes __________________, der durch seinen Tod (am Kreuz) die Menschen von den Sünden befreit hat.

e) Das besondere Zeichen (= Symbol) der Christen ist das ________________ .

f) Die ______________________, die aus dem Alten Testament und dem Neuen Testament besteht, ist die heilige Schrift der Christen.

g) Die Christen glauben an einen ________________________, der drei Erscheinungsformen hat („Vater, Sohn und Heiliger Geist“).

h) Im Alten Testament werden u.a. die 10 __________________ genannt, wonach die Christen leben sollen. Das bekannteste und wohl älteste Gebet der Christen ist das „Vaterunser“.

i) Die bedeutendsten Feiertage der Christen sind: Weihnachten (Feier der Geburt Jesu), Ostern (= Feier der Auferstehung Jesu) und ______________ (Feier der Erscheinung des Hlg. Geistes, Gründung der christlichen Kirche).

j) Bei den Christen gibt es verschiedene Glaubensgemeinschaften, die 3 bekanntesten sind die ______________________ , die Protestanten und die Orthodoxen.

EA

Aufgabe 9: *Fasse die Informationen aus Aufgabe 8 mit deinen eigenen Worten zusammen. Achte darauf so zu schreiben, dass ein Außenstehender genügend Informationen zum Christentum erhält!*

EA

Aufgabe 10: *Was bedeutet Christus? Erkläre mit deinen eigenen Worten!*

Islam

EA

Aufgabe 11: *Setze die folgenden Begriffe in die Lücken ein!*

Allah - Halbmond - Kaaba - Koran - Mohammed - Mohammedaner - Moscheen - Nordafrika - Ramadan - Wort

a) Das ______________ Islam stammt aus der arabischen Sprache und heißt in das Deutsche übersetzt „Hingabe (an Gott), Aufopferung (für Gott)“.

b) Die Anhänger des Islams werden ____________________ , Muslime bzw. Moslems genannt.

c) Der Islam entstand durch ________________________ (um 570 - 632), der in Arabien lebte.

d) Er war zuerst ein Hirte und danach ein Kaufmann. Mohammed fühlte sich zu einem Propheten (= Weissager, Verkünder) des Gottes

______________ berufen.

e) Hauptsächlich ist der Islam heute verbreitet in Vorderasien, Zentralasien,

Südostasien und _________________. Zum Islam bekennen sich in der heutigen Zeit etwa 1,3 Milliarden Menschen (= ungefähr 20 % der Weltbevölkerung).

f) Wichtige äußere Erkennungszeichen des Islams sind der _____________ und ein Stern.

g) Der _______________ , der in 114 Suren (= Kapitel) aufgeteilt ist, ist das heilige Buch der Mohammedaner.

h) Die islamischen Gotteshäuser heißen_________________ . Sie haben einen oder mehrere Türme (= Minarette).

i) Die fünf wesentlichen Pflichten der Mohammedaner (die fünf Säulen des Islam) sind: Aufsagen des Glaubensbekenntnisses, fünfmaliges Beten pro

Tag, Fasten im Monat _____________ , Almosen (= Gaben) an bedürftige Menschen und die Pilgerfahrt nach Mekka.

j) Mindestens einmal in seinem Leben sollte jeder Mohammedaner nach Mekka reisen, der Geburtsstadt Mohammeds. Dort befindet sich die

_______________. Sie ist ein würfelförmiges Gebetshaus, das einen kleinen heiligen Stein enthält.

EA

Aufgabe 12: *Was sind die sogenannten „5 Säulen des Islam“? Erstelle eine anschauliche Zeichnung mit passender Beschriftung!*

KOHL VERLAG RELIGION UND ETHIK Grundwissen kurz, knapp und klar! – Bestell-Nr. 19 041

Hinduismus

EA

Aufgabe 13: *Setze die folgenden Begriffe in die Lücken ein!*

Andersgläubige – Brahma – Feiertage – Ganges – Indien – Kasten – Kühe – Oberbegriff – Pflanze – Wiedergeburt

a) Der Hinduismus ist die älteste Weltreligion, er ist überwiegend verbreitet in ______________________ .

b) Eigentlich ist der Hinduismus der ________________________ für verschiedene ähnliche Religionen. Mit dieser Bezeichnung sind im Grunde lediglich geographisch gesehen die Menschen gemeint, die im Raum des Flusses Indus leben (= Inder).

c) Die Hindus verehren viele Götter, besonders ___________________ (= der Schöpfer), Vishnu (= der Erhalter) und Shiva (= der Zerstörer).

d) Die Anhänger des Hinduismus glauben an die Seelenwanderung und an die ______________________ nach dem Tode. Dies geschieht nach Auffassung der Hindus so lange, bis man sich mit der Weltseele vereinigt.

e) Tote werden verbrannt. Nach Auffassung der Hindus wird man als Mensch, Tier oder _________________________ wiedergeboren.

f) Unter den Tieren gelten die _________________ als heilig und genießen besonderen Schutz.

g) Gemäß der Lehre des Hinduismus werden die Menschen in ___________ (= Gesellschaftsschichten) eingeteilt, wobei gewöhnlich jeder in eine bestimmte hineingeboren wird, in der er sein Leben lang bleibt.

h) __________________________ können nicht Hindus werden. Nur von seiner Geburt an kann man ein Hindu sein.

i) Es gibt viele heilige Bücher und Tempel sowie zahlreiche _____________ im Hinduismus.

j) Der heiligste Fluss der Hindus ist der ________________ , in dessen Wasser etliche Gläubige täglich ein Bad nehmen und beten.

KOHL VERLAG
RELIGION UND ETHIK
Grundwissen kurz, knapp und klar! – Bestell-Nr. 19 041

EA

Aufgabe 14: *Bilde Sätze mit den folgenden Begriffen!*

Seelenwanderung: ____________________

____

____

Wiedergeburt: ____________________

____

____

____

Kasten: ____________________

____

____

____

Ganges: ____________________

____

____

Kühe: ____________________

____

____

Geburt: ____________________

____

____

Tempel: ____________________

____

____

KOHL VERLAG
RELIGION UND ETHIK
Grundwissen kurz, knapp und klar! – Bestell-Nr. 10 041

Buddhismus

EA

Aufgabe 15: *Setze die folgenden Begriffe in die Lücken ein!*

Buddha - Leben - Nirvana - Ostasien - Rad - Rauschmittel - Regeln - Siddharta Gautama - Tod - Vorbild

a) Der Gründer des Buddhismus ist ____________________. Er lebte vor ca. 2500 Jahren in Nordostindien, zunächst im Luxus, später zurückgezogen, bescheiden und enthaltsam.

b) Dieser Sohn eines Fürsten wurde ________________ (= „der Erleuchtete, der Erwachte“) genannt.

c) Im Buddhismus gibt es keinen Gott, auch wenn Buddha von manchen Anhängern ähnlich oder teilweise wie ein Gott verehrt wird. Für andere

Buddhisten ist Buddha ein Lehrer und/bzw. ___________________ .

d) Die Buddhisten glauben an die Wiedergeburt nach dem _______________. Man wird gewöhnlich als Mensch oder Tier wiedergeboren, je nachdem, wie zuvor das Leben geführt worden ist.

e) Das Verhalten im ___________________ ergibt das Karma des Menschen. (Karma [altindisch] = „Tat“)

f) Der Wiedergeburt kann man nur dadurch entfliehen, dass man ganz streng

nach den ____________________ des Buddhismus lebt.

g) Das Endziel der Buddhisten ist, die Qualen und Schmerzen auf der Erde

zu überstehen und ins _________________________ zu kommen. Mit diesem Begriff ist die selige Ruhe, das Erlöschen aller Lebenstriebe gemeint. (nirvana [altindisch] = „erloschen, ausgeblasen“)

h) Fünf wesentliche Gebote für die Buddhisten im Leben sind: kein Lebewesen töten, nichts entwenden, ehrlich sein, seine Gelüste bremsen, keine

________________________ zu sich nehmen.

KOHL VERLAG RELIGION UND ETHIK Grundwissen kurz, knapp und klar! – Bestell-Nr. 19 041

i) Ein bedeutsames Symbol des Buddhismus ist das _____________ mit acht Speichen. Die Buddhisten meditieren sehr viel, d.h. sie denken lange und intensiv über menschliche Dinge nach.

j) Der Buddhismus ist hauptsächlich in Südostasien und ________________ verbreitet.

EA

<u>Aufgabe 16</u>: *Fasse die Informationen aus <u>Aufgabe 15</u> mit deinen eigenen Worten zusammen. Achte darauf so zu schreiben, dass ein Außenstehender genügend Informationen zum Buddhismus erhält!*

____

____

____

____

____

____

____

____

____

____

____

____

____

____

____

____

____

____

KOHL VERLAG Lernen mit Erfolg RELIGION UND ETHIK Grundwissen kurz, knapp und klar! – Bestell-Nr. 10 041

Die fünf Weltreligionen – ganz kurz betrachtet

Juden: Das Judentum ist etwa 3500 Jahre alt. Es ist die älteste Weltreligion, die nur einen Gott verehrt, nämlich Jahwe. Die Gläubigen dieser Religion heißen Juden. Diese betrachten sich als von Gott erwähltes Volk. Sie wurden vor ca. 2000 Jahren aus ihrer Heimat vertrieben und auch danach verfolgt. Nach dem 2. Weltkrieg gründeten die Juden in ihrer früheren Heimat den Staat Israel (1948). Zeichen des Judentums sind der Davidstern und der siebenarmige Leuchter. Das heilige Buch der Juden ist die Thora. Die Gottesdienste der Juden finden in Synagogen statt.

Christentum: Das Christentum ist die Religion mit den meisten Anhängern. Es gibt über 2 Milliarden Christen. Diese Religion ist nach Jesus Christus benannt, der vor etwa 2000 Jahren im Raum Israel lebte und als Gottes Sohn angesehen wird. Jesus Christus starb hingerichtet durch römische Soldaten am Kreuz. Von daher ist das Kreuz das bedeutendste Symbol der Christen. Die Bibel ist die heilige Schrift der Christen. Innerhalb des Christentums sind die 3 wichtigsten Glaubensgemeinschaften die Katholiken, die Protestanten und die Orthodoxen.

Islam: Der Islam ist die jüngste der 5 Weltreligionen mit den zweitmeisten Gläubigen. Die Gläubigen werden als Moslems, Muslime bzw. Mohammedaner bezeichnet. Religionsgründer ist der Prophet Mohammed, der vor ungefähr 1400 Jahren im Arabien lebte. Als alleiniger Gott wird Allah verehrt. Der Islam weist strenge Verhaltensvorschriften auf. Diese sind im Koran niedergeschrieben. 5-mal täglich zu beten gehört zu den Pflichten der Gläubigen. Die islamischen Gebetshäuser nennt man Moscheen.

Hinduismus: Diese Religion entstand vor über 5000 Jahren. Die Anhänger dieser Religion heißen Hindus. Hindu bedeutet eigentlich wörtlich übersetzt Inder. Die weitaus meisten Hindus leben in Indien. Im Hinduismus gibt es viele unterschiedliche Götter und Glaubensrichtungen. Die Hindus glauben an die Seelenwanderung und Wiedergeburt nach dem Tod, z.B. als Tier. Kühe gelten als heilige Tiere und sind besonders geschützt. Der berühmteste heilige Fluss der Hindus ist der Ganges.

Buddhismus: Zu dieser Religion bekennen sich viele Menschen hauptsächlich in Ost- und Südostasien. Das Wort Buddhismus kommt von Buddha (= „der Erleuchtete"). Buddha lebte vor ca. 2500 Jahren in Indien. Er predigte, friedlich miteinander zu leben und gute Taten zu vollbringen. Auch die Buddhisten gehen von der Wiedergeburt aus. Für die Buddhisten ist es schließlich Ziel, die Schmerzen und Leiden auf der Erde zu überwinden und die selige Ruhe (= Nirvana) zu erlangen. Typisch für Buddhisten ist es (sehr) viel zu meditieren, d.h. über Dinge nachzudenken.

KOHL VERLAG RELIGION UND ETHIK Grundwissen kurz, knapp und klar! – Bestell-Nr. 19 041

EA

Aufgabe 17: a) *Welche folgenden Namen oder Begriffe gehören zu welcher Weltreligion?*

b) *Welche weiteren Namen oder Begriffe zu den Weltreligionen fallen dir noch ein?*

Namen und Begriffe in alphabetischer Reihenfolge:

Allah - Bibel - Brahma - Davidstern - „der Erleuchtete" - Heilige Kühe - Indien - Israel - Jahwe - Jesus - Kaaba - Kasten - Katholiken - kein Gott - Koran - Kreuz - Mekka - Moscheen - Nirvana - Protestanten - Ostern - Ramadan - Rabbiner - Rad mit 8 Speichen - Siddharta Gautama - Shiva - Synagogen - Thora - Verbreitung in Südostasien und Ostasien - Vishnu

Judentum	Christentum	Islam	Hinduismus	Buddhismus

KOHL VERLAG RELIGION UND ETHIK Grundwissen kurz, knapp und klar! ▪ Bestell-Nr. 19 041

EA

Aufgabe 18: *Löse das Kreuzworträtsel zu den fünf großen Weltreligionen! Die Buchstaben in den grauen Kästchen ergeben ein Lösungswort.*

a) So nennt man die Anhänger des Hinduismus: ________________ .

b) Daran glaubt man im Hinduismus: an die ______________________ .

c) Welche Gläubigen betrachten sich als das von Gott auserwählte Volk? Die _________________ .

d) Darin feiern die Juden ihre Gottesdienste: in ___________________ .

e) So nennt man die „selige Ruhe“: ________________ .

f) Diese Religion glaubt an Buddha: ______________________ .

g) So heißt die heilige Schrift der Christen: ___________________ .

h) So wird Gottes Sohn genannt: ____________________ .

i) Dies ist die jüngste sogenannte Weltreligion: ___________________ .

j) Dort sind die islamischen Verhaltensvorschriften aufgeschrieben: Im ___________________ .

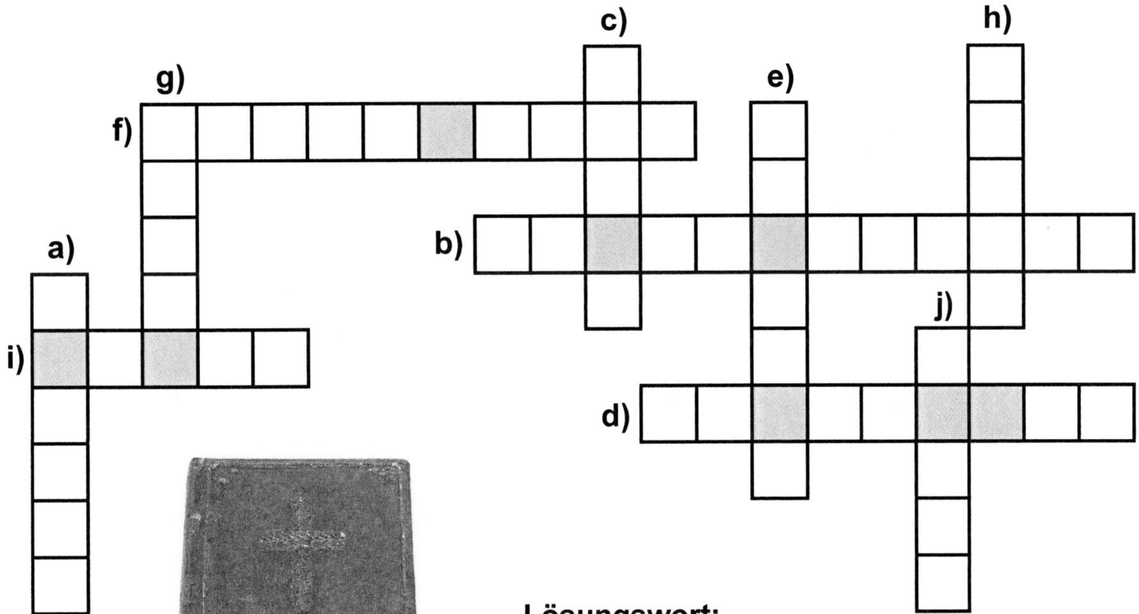

Lösungswort:

____

KOHL VERLAG
RELIGION UND ETHIK
Grundwissen kurz, knapp und klar! – Bestell-Nr. 19 041

Was weißt du über die fünf Weltreligionen?

Würfel- und Quizspiel

- **Spielerzahl:** • 2-6 Spieler/Teams

- **Spielmaterialien:** • Zahlenwürfel (Augenzahlen 1-6), evtl. 1 Würfelbecher
  • 1 Wandtafel und Kreide bzw. 1 Schreibstift und Blanko-Papier (zum Notieren der von den einzelnen Spielern/Teams erzielten Punkte, möglicherweise auch zum stichwortartigen Aufschreiben der Antworten)

Spielregeln: Während des Spiels sind die Spieler/Teams abwechselnd an der Reihe. Wer dran ist, muss zunächst jeweils einmal würfeln. Je nachdem welche Augenzahl dabei erzielt wird, ergibt sich, zu welcher Weltreligion der jeweilige Spieler oder das jeweilige Team anschließend eine richtige Aussage machen muss. Diese Aussage darf zuvor im Verlauf des Spiels noch nicht erwähnt worden sein.

- Augenzahl 1 ⇨ Thema: Hinduismus
- Augenzahl 2 ⇨ Thema: Judentum
- Augenzahl 3 ⇨ Thema: Buddhismus
- Augenzahl 4 ⇨ Thema: Christentum
- Augenzahl 5 ⇨ Thema: Islam
- Augenzahl 6 ⇨ Thema: eine beliebige der 5 Weltreligionen

Spielsieg: Sieger des Spiels wird, wer nach Ablauf einer vereinbarten Spielzeit (z.B. 45 Minuten) bzw. nach Durchführung einer bestimmten Anzahl von Durchgängen die meisten Punkte aufweist.

Spielvariationen :

- Wer an der Reihe ist, darf jeweils mehrere Aussagen machen (Vorschlag: 2 bzw. 3 Aussagen) und entsprechend viele Punkte erringen.
- Die Spieler/Teams müssen jeweils eine Frage zu einer erwürfelten Weltreligion beantworten, die von einem gegnerischen Spieler/ Team bzw. von einem neutralen Spielleiter (= z.B. Lehrer) gestellt wird.
- Das Spiel wird ohne Würfel ausgetragen. Die Spieler/Teams sind in der vorgegebenen Folge der Themen am Zuge.

KOHL VERLAG RELIGION UND ETHIK Grundwissen kurz, knapp und klar! – Bestell-Nr. 19 041

Ein Leben mit oder ohne Religion?

EA

Aufgabe 1: **a)** *Welcher Religion gehörst du an? Zu welcher Religion bekennen sich deine Eltern, Großeltern und weiteren Verwandten?*

b) *Wie gläubig bist du nach deiner eigenen Einschätzung?*

EA

Aufgabe 2: **a)** *Der ehemalige deutsche Fußballnationalspieler und spätere Teamchef der Nationalelf Rudi Völler trat vor über 20 Jahren aus der Kirche aus. Auf die Frage eines Journalisten „Bereuen Sie Ihre Entscheidung (des Kirchenaustritts)?" antwortete er: „Nein. Man kann ein anständiger Kerl und gläubig sein, auch wenn man nicht mehr in der Kirche ist." (zitiert nach Welt am Sonntag vom 8.3.2004).*

Erkläre, was Rudi Völler mit seiner Aussage meint!

b) *Was hältst du von Rudi Völlers Ansicht? Bist du derselben Meinung? Stimmst du ihm teilweise zu oder vertrittst du eine ganz andere Auffassung?*

KOHL VERLAG RELIGION UND ETHIK Grundwissen kurz, knapp und klar! – Bestell-Nr. 19 041

Aus einer Zeitung

Der Reporter:	„Sie sind ständig unterwegs. Was darf in Ihrem Reisegepäck nicht fehlen?“
Der Popstar:	„Das Wichtigste ist mein Bibel-Buch.“
Der Reporter:	„Was ist das?“
Der Popstar:	„Das ist ein Buch, in das ich Gebete schreibe, Träume, Wünsche, ...“
Der Reporter:	„Beten Sie regelmäßig?“
Der Popstar:	„Ich spreche jeden Abend mit Gott, bedanke mich für das, was ich erreicht habe. Morgens bete ich leider nicht regelmäßig, weil ich so gerne lange schlafe.“
Der Reporter:	„Für viele Teenager spielt das Gebet zu Gott kaum eine Rolle. Können Sie das verstehen?“
Der Popstar:	„Ich kann mir ein Leben ohne Gott nicht vorstellen, aber das hat wahrscheinlich viel mit meiner Erziehung zu tun. Mir gibt Gott viel Hoffnung und Energie. Er hört immer zu. Ich kann ihn nur jedem empfehlen.“

EA

Aufgabe 3: **a)** *Was sagt der Popstar über sich und seine Beziehung zur Religion?*

____

____

____

____

____

____

b) *Was meinst du zu diesem Interview?*

____

____

____

KOHL VERLAG RELIGION UND ETHIK Grundwissen kurz, knapp und klar! – Bestell-Nr. 19 041

2 Was ist Ethik?

EA **Aufgabe 4**: *Wenn du deinen Glauben mit dem des Popstars vergleichst, wie würdest du dich dann beschreiben?*

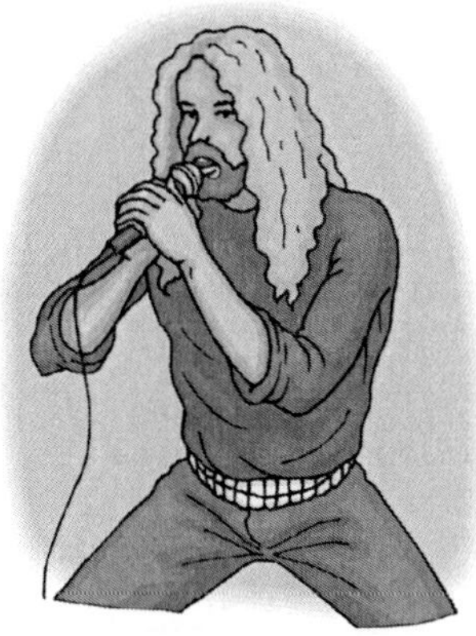

EA **Aufgabe 5**: **a)** *Könntest du dir vorstellen, aus dem Leben mit Gott so viel Energie zu schöpfen? Begründe deine Meinung!*

b) *Was glaubst du? Gehört die aktive Teilnahme an einer Kirchengemeinschaft zu einem gläubigen Menschen dazu?*

GA **Aufgabe 6**: *Sammelt gemeinsam unterschiedliche Meinungen zum Thema: „Sind Glaube und Kirche untrennbar?“ Befragt verschiedene Menschen in eurer Umgebung! Notiert euch deren Antworten, Namen und Alter!*

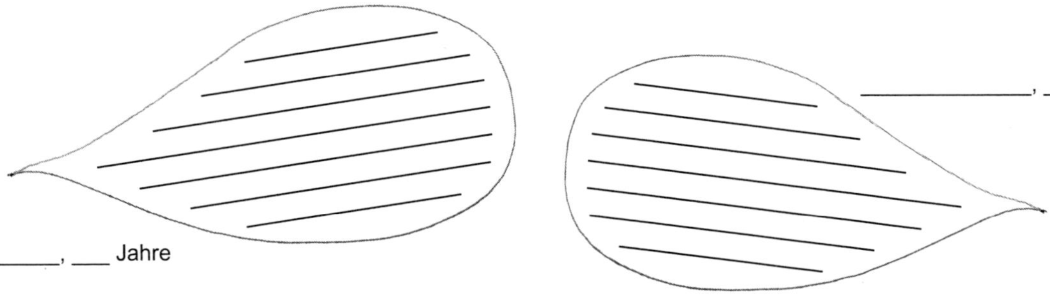

___________, ___ Jahre

___________, ___ Jahre

RELIGION UND ETHIK
Grundwissen kurz, knapp und klar! – Bestell-Nr. 19 041
KOHL VERLAG

Philosophie und Ethik

Ethik gehört zu der Philosophie. Philosophie ist die Wissenschaft, die sich mit der Erforschung des Seins von materiellen und geistigen Dingen befasst. Im Gegensatz zu Einzelwissenschaften wie zum Beispiel Biologie, Mathematik, Medizin geht es in der Philosophie um die Erkenntnis der Welt als Ganzes. Das Wort Philosophie kommt aus der griechischen Sprache und heißt wörtlich in das Deutsche übersetzt „Liebe zur Weisheit“. Philosophen sind demzufolge Erforscher des Seins, sie fragen u.a. nach dem Ursprung, Grund und Sinn von Sachen. Mit vielfältigen Fragen beschäftigen sich Philosophen und suchen nach Antworten darauf. Solche Fragen sind beispielsweise:

- Was bin ich?
- Was soll ich (tun)?
- Welchen Sinn hat das Leben für mich?

Die Philosophie ist eine Wissenschaft, die im alten Griechenland entstand. Ein klassisches Teilgebiet der Philosophie ist die Ethik, die ebenfalls ihren Ursprung im alten Griechenland hat. Die Ethik war und ist die (philosophische) Lehre von den sittlichen Werten und Verhaltensweisen der Menschen. Das Wort Ethik stammt vom griechischen Wort „ethos“ (= Gewohnheit, Sitte). In der Ethik werden die sittlichen Werte und Verhaltensweisen von Menschen aufgezeigt, untersucht und hinterfragt. Zentral geht es um die richtige Lebensführung. Auch in der Ethik wird zahlreichen Fragen und Antworten dazu nachgegangen.

Ethische Grundfragen sind beispielsweise:

- Nach welchen Grundsätzen sollten die Menschen leben?
- Welche Regeln sind für das Zusammenleben in der Gesellschaft unerlässlich?
- Wie lassen sich Konflikte (Streit, Gewalt ...) bewältigen?

EA

Aufgabe 7: *Fasse nun selbst zusammen!*

a) Das ist Philosophie:

____

____

____

b) Das ist Ethik:

____

____

____

Ethik

EA

Aufgabe 8: *Setze die folgenden Begriffe in die Lücken ein!*

> Denker - Erziehung - Gewissen - Instinkt - Menschen -
> Morallehre - Normen - Religion - Sprache - Sprichwörter

a) Das Wort Ethik kommt aus der griechischen ________________ .
(ethos [griechisch] = Gewohnheit, Sitte)

b) Im Fach Ethik geht es darum, wie die ____________________ anständig leben (sollten).

c) Schon die alten griechischen ___________________ beschäftigten sich näher mit der Frage, wie man sich als Mensch vernünftig verhalten und woran man sich dabei orientieren sollte.

d) Das menschliche Verhalten ist nicht wie beim Tier durch den ___________ vorbestimmt, es ist nicht angeboren.

e) Die Verhaltensweisen der Menschen werden hauptsächlich durch die

Herkunft und _______________________ vermittelt und verinnerlicht.

f) Zumindest in der Vergangenheit hatte die jeweilige _________________ vor allem durch göttliche Gebote (sehr) großen Einfluss auf das Verhalten der Menschen.

g) In der Ethik werden die Gebote, Regeln und Vorschriften, nach denen man

sich richten und die man einhalten sollte bzw. muss, als _______________ bezeichnet. (norma [lateinisch] = Regel, Vorschrift)

h) Es gibt viele Redensarten und ___________________ , in denen Normen genannt und vorgegeben werden. Beispiel: „Ordnung ist das halbe Leben."

i) Eine zentrale Rolle spielt beim Verhalten der Menschen das eigene

________________________ . Dies ist das Bewusstsein des Menschen, zwischen Gut und Böse im eigenen Verhalten unterscheiden zu können.

j) Die Ethik wird manchmal auch als ____________________ bezeichnet.
(mores [lateinisch] = Sitten, Bräuche)

2 Was ist Ethik?

EA

<u>Aufgabe 9</u>: **a)** *Formuliere mit den folgenden Begriffen vier Sätze zum Thema „Ethik“!*

Verhalten - Regeln - Vorschrift - Griechen - Normen - Bräuche

- ____
  ____
- ____
  ____
- ____
  ____
- ____
  ____

b) *Was verstehst du unter Ethik?*

____
____
____
____
____
____
____
____
____
____

KOHL VERLAG RELIGION UND ETHIK Grundwissen kurz, knapp und klar! – Bestell-Nr. 10 041

Moral – was ist das?

- In Ethik ist das Wort Moral ein wichtiger, des Öfteren gebrauchter Begriff.
- Dabei geht es um das sittliche Verhalten der Menschen.
- Moral ist die Bezeichnung für die als verbindlich betrachteten Verhaltensweisen (= Normen), die in der Gesellschaft gelten und von den Menschen gewöhnlich eingehalten werden.
- Moral beruht und beruft sich auf herkömmliche, überlieferte Werte, die zu befolgen sind.
- Als Grundgesetz (= allgemeines Sittengesetz) der Moral gilt die „Goldene Regel", die seit über 3000 Jahren Richtlinie der Weltreligionen und Kulturen ist: „Was du nicht willst, dass man dir tu(e), das füg(e) auch keinem anderen zu!"
- Seit der Zeit der alten Griechen gibt es diese sieben klassischen Tugenden der Moral: Höflichkeit, Mitgefühl, Demut, Gastfreundschaft, Toleranz, Hilfsbereitschaft und Wohlwollen.
- Den Menschen bietet die Moral Orientierung.
- Eine Moralpredigt (= Moralpauke) ist eine ernsthafte, belehrende und ermahnende Ansprache, wie man sich aufgrund traditioneller Werte vernünftig zu verhalten hat.
- Die Worte „Er/Sie hat keine Moral ... ist ohne Moral" bedeutet, dass sich die betreffende Person über herkömmliche Werte (= Normen) hinwegsetzt.

EA

Aufgabe 10: *Beantworte die folgenden Fragen in vollständigen Sätzen auf der Blattrückseite oder in deinem Heft/in deinem Ordner!*

a) Worauf beruht und beruft sich (die) Moral?

b) Was besagt die „Goldene Regel"?

c) Wie lauten die 7 klassischen Moraltugenden aus der Zeit der alten Griechen? Erkläre, was mit den einzelnen Begriffen gemeint ist!

d) Was ist eine Moralpredigt?

e) „Er/Sie hat keine Moral, ... ist ohne Moral."
Was ist darunter zu verstehen?

RELIGION UND ETHIK
Grundwissen kurz, knapp und klar! – Bestell-Nr. 19 041
KOHL VERLAG

Verschiedene Bedeutungen des Wortes Moral

Das Wort Moral wird nicht nur im Sinne von in der Gesellschaft vorgegebenen Normen gebraucht, sondern hat in der Umgangssprache weitere Bedeutungen. Mit dem Begriff Moral kann auch die sittliche Einstellung sowie das tatsächliche Verhalten eines Einzelnen bzw. einer Gruppe gemeint sein. Im Weiteren wird mit dem Begriff Moral die Solidarität innerhalb einer Gruppe angesprochen, Einsatz zu zeigen. Zudem wird das Wort Moral in der Literatur als (sittliche) Lehre benutzt, die man am Ende aus einer Erzählung (z.B. Fabel oder Märchen) ziehen kann.

EA

Aufgabe 11: *Erkläre, was mit den folgenden Aussagen gemeint ist!*

a) „Die Moral innerhalb der Fußballmannschaft ist immer noch gut."

____

____

b) „Diese Leute kennen keine Moral."

____

____

c) „Die Moral der Geschichte ist: Hochmut kommt vor dem Fall."

____

____

d) „Es gibt viele Religionen, aber nur eine Moral." *(John Ruskin)*

____

____

e) „Moral predigen ist leicht, Moral begründen schwer." *(Schopenhauer)*

____

____

Schopenhauer

KOHL VERLAG RELIGION UND ETHIK Grundwissen kurz, knapp und klar! – Bestell-Nr. 19 041

Religion und Ethik von A bis Z

EA

Aufgabe 12: *Denke an das Gelernte der letzten Arbeitsblätter. Welche Begriffe, Umschreibungen und erklärende Worte fallen dir zum Thema „Religion und Ethik“ ein?*

a) Anfangsbuchstaben der Wörter: A, B bzw. C

____

____

b) Anfangsbuchstaben der Wörter D, E bzw. F

____

____

c) Anfangsbuchstaben der Wörter G, H bzw. I

____

____

d) Anfangsbuchstaben der Wörter J, K bzw. L

____

____

e) Anfangsbuchstaben der Wörter M, N bzw. O

____

____

f) Anfangsbuchstaben der Wörter P, Q bzw. R

____

____

g) Anfangsbuchstaben der Wörter S, T bzw. U

____

____

h) Anfangsbuchstaben der Wörter V, W, X, Y bzw. Z

____

____

KOHL VERLAG RELIGION UND ETHIK Grundwissen kurz, knapp und klar! – Bestell-Nr. 19 041

Witze mit Hintergrund

EA

Aufgabe 13: *Lies die vier Witze! Finde jeweils eine passende Überschrift! Erkläre, welche Klischees in den Witzen bedient werden!*

Ein Bayer steigt aus einem Fahrstuhl aus, ein Hamburger betritt den Fahrstuhl. Die beiden Männer treffen sich. Der Bayer sagt: „Grüß Gott!" Der Hamburger antwortet: „So hoch fahre ich nicht!"

Klischee: ______________________

____

Ein Pastor macht Urlaub in Afrika. Während eines Ausfluges merkt er auf einmal: Er wird von einem Rudel Löwen umkreist. In großer Angst kniet der Pastor nieder und betet: „Lieber Gott, mach es so, dass sich die Löwen wie richtige Christen benehmen." „Nach dem Gebet steht der Pastor wieder auf und sieht sowie hört, dass die Löwen beten: „Komm Herr Jesus, sei unser Gast und segne, was da uns bescheret hast."

Klischee: ______________________

____

Die Religionslehrerin erzählt von Adam und Eva im Paradies: „Gott hatte Adam und Eva strengstens verboten, Äpfel zu essen, die an einem bestimmten Baum hingen ..." Dann will die Lehrerin wissen: „Wer kann mir sagen, wieso Gott dies wohl verboten hatte?" Fridolin, ein Schüler, meldet sich sogleich und meint: „Wahrscheinlich wollte Gott (selbst) aus den Äpfeln Apfelmus machen."

Klischee: ______________________

____

Ein Busfahrer und ein Pastor stehen vor der Himmelstür. Petrus öffnet die Tür und lässt den Busfahrer hinein, den Pastor aber nicht. Der Pastor fragt nach, warum er nicht in den Himmel darf. Petrus antwortet: „Nun das hat einen einfachen Grund: Wenn du in der Kirche gepredigt hast, haben alle Kirchenbesucher geschlafen. Wenn der Busfahrer aber am Steuer saß und den Bus fuhr, haben alle Leute lange gebetet."

Klischee: ______________________

____

Die 10 biblischen Gebote

EA

Aufgabe 14: *Erkläre jedes der 10 biblischen Gebote mit deinen eigenen Worten!*

Der Wortlaut der zehn Gebote in der Bibel:		Deine Erklärung:
1. Gebot	„Ich bin der Herr, dein Gott. Du sollst nicht andere Götter haben neben mir.“	
2. Gebot	„Du sollst den Namen des Herrn, deines Gottes, nicht unnützlich führen.“	
3. Gebot	„Du sollst den Feiertag heiligen.“	
4. Gebot	„Du sollst Vater und Mutter ehren.“	
5. Gebot	„Du sollst nicht töten.“	
6. Gebot	„Du sollst nicht ehebrechen.“	
7. Gebot	„Du sollst nicht stehlen.“	
8. Gebot	„Du sollst nicht falsch Zeugnis reden wider deinen Nächsten.“	
9. Gebot	„Du sollst nicht begehren deines Nächsten Haus.“	
10. Gebot	„Du sollst nicht begehren deines Nächsten Weib, Knecht, Magd, Vieh oder alles, was sein ist.“	

KOHL VERLAG RELIGION UND ETHIK Grundwissen kurz, knapp und klar! – Bestell-Nr. 19 041

2 Was ist Ethik?

EA

Aufgabe 15: *Ist es „sinnvoll“ nach den 10 Geboten zu leben, obwohl man nicht glaubt? Was meinst du?*

EA

Aufgabe 16: *Überlege dir 10 eigene Gebote, die deiner Meinung nach für das Leben der Menschen gültig sein sollten! Schreibe deine Gebote auf dieser Seite auf!*

1.

2.

3.

4.

5.

6.

7.

8.

9.

10.

KOHL VERLAG
RELIGION UND ETHIK
Grundwissen kurz, knapp und klar! – Bestell-Nr. 19 041

EA

Aufgabe 17: **a)** *Welche der 10 biblischen Gebote sind deiner Meinung nach die drei wichtigsten? Schreibe sie hier auf!*

- ______________________________
- ______________________________
- ______________________________

b) *Welche Bedeutung haben – deiner Einschätzung nach – die 10 biblischen Gebote noch in der heutigen Zeit?*

c) *Liste nach deiner Einschätzung auf und gib Beispiele!*

• Welche Gebote werden von den meinsten Menschen beachtet?

• Welche Gebote werden teilweise beachtet?

• Welche Gebote werden überhaupt nicht mehr beachtet?

KOHL VERLAG RELIGION UND ETHIK Grundwissen kurz, knapp und klar! – Bestell-Nr. 19 041

Gutes und schlechtes Verhalten

EA

<u>Aufgabe 18</u>: *Notiere Beispiele für deiner Meinung nach schlechtes und gutes Verhalten!*

Gutes Verhalten der Menschen

Schlechtes Verhalten der Menschen

KOHL VERLAG RELIGION UND ETHIK Grundwissen kurz, knapp und klar! – Bestell-Nr. 19 041

3 Werte & Normen

Benehmen

Benehmen will gelernt sein!

Fehlt in der Schule die Disziplin?

Kennen Kinder noch Pflichten?

Normen und Werte sind wichtig für Jugendliche

In Berlin unterrichten nun drei Schulen Benehmen

Ist Benehmen out?

Ist Benimm-Unterricht der einzige Ausweg?

Wo bleiben gute Vorbilder?

PA

Aufgabe 1: **a)** *Worum geht es in den Schlagzeilen, die aus verschiedenen Zeitungen entnommen wurden?*

b) *Was haltet ihr von den einzelnen Überschriften? Welche Meinung habt ihr zu dem Thema?*

KOHL VERLAG Lernen mit Erfolg
RELIGION UND ETHIK
Grundwissen kurz, knapp und klar! – Bestell-Nr. 19 041

Der folgende Text zeigt dir das Interview einer Schülergruppe mit einer Lehrerin aus Baden-Württemberg zum Thema: „Sollte gutes Benehmen in einem extra dafür vorgesehenen Schulfach unterrichtet werden?“

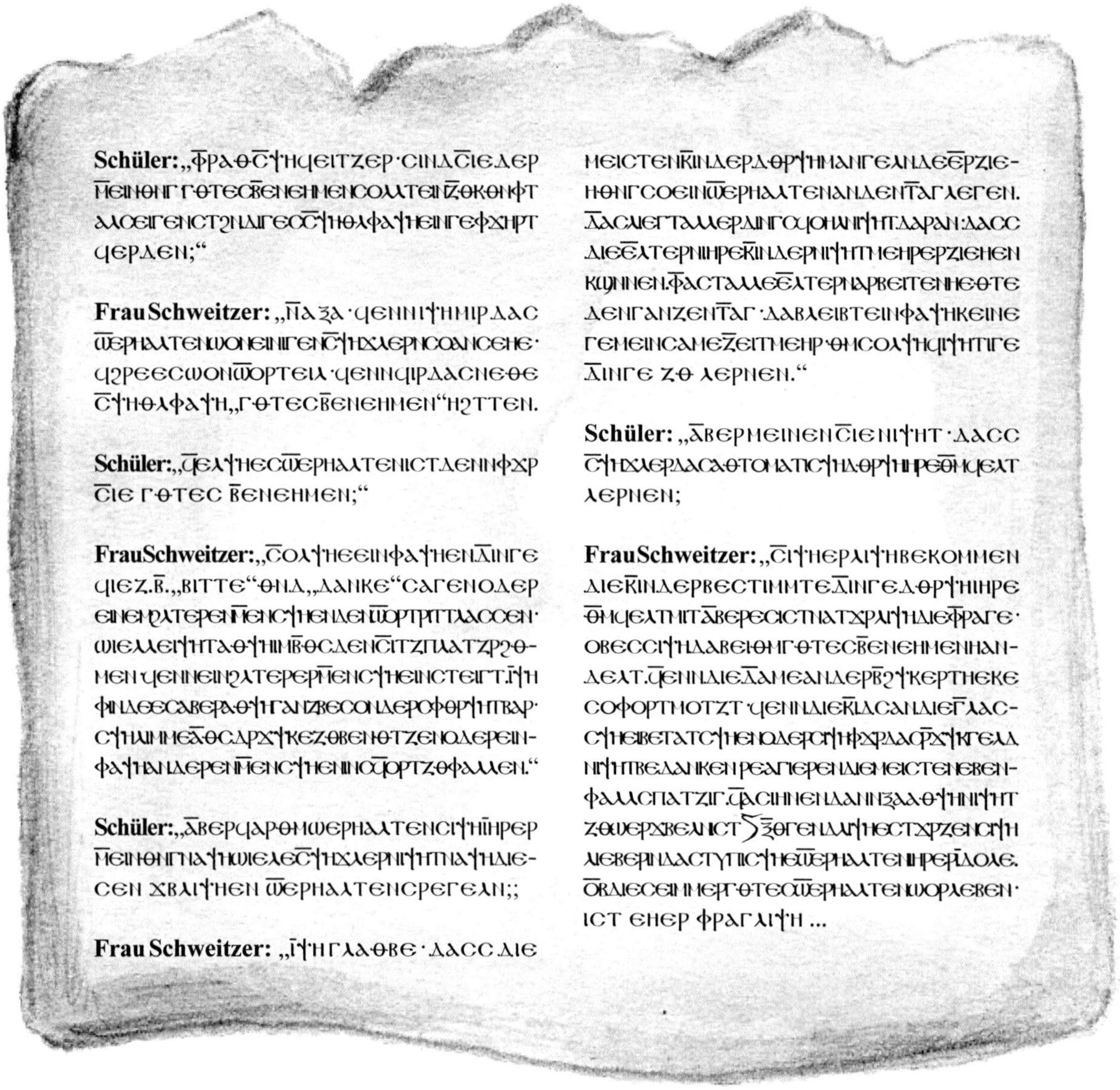

EA

Aufgabe 2: *Beantworte die folgenden Fragen in vollständigen Sätzen auf der Blattrückseite oder in deinem Heft/Ordner!*

a) Welche Meinung vertritt die Lehrerin im Interview?
b) Finde drei Gründe, die für gutes Benehmen als Schulfach sprechen.
c) Wo finden Kinder und Jugendliche heutzutage Vorbilder? Meinst du, dass diese Vorbilder für das gute Benehmen wichtig sind?
d) Ist gutes Benehmen für das Leben „nach der Schule“ wichtig? Was meinst du? Begründe deine Meinung!

EA

Aufgabe 3: **a)** *Fasse kurz zusammen, was gutes Benehmen bedeutet!*

____

____

____

b) *Wo hat schlechtes Benehmen besonders negative Folgen und warum?*

____

____

____

c) *Welche Gründe werden für die Veränderung des Benehmens früher und heute genannt?*

____

____

____

Wo lernt er diesen Mist? Etwa in der Schule?

EA

Aufgabe 4: **a)** *Wie verhält sich der Junge?*

b) *Welchen Eindruck machen Vater und Mutter auf dich?*

c) *Was meinst du zu der Aussage des Vaters?*

d) *Wie reagiert die Mutter?*

e) *Was denkt sich der Junge, als er den Kommentar des Vaters hört? Schreibe in die Sprechblase!*

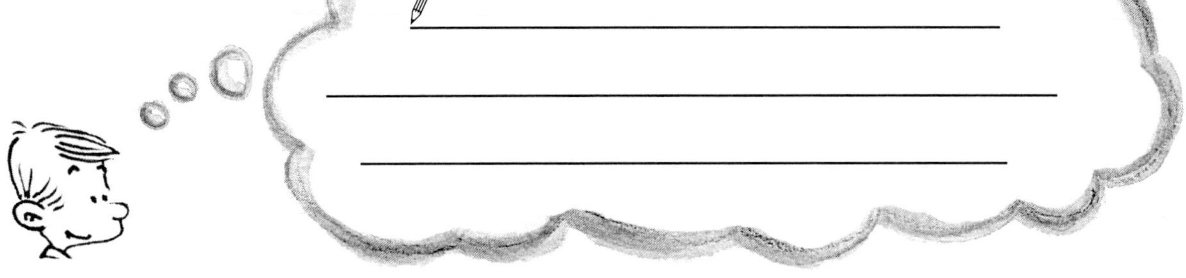

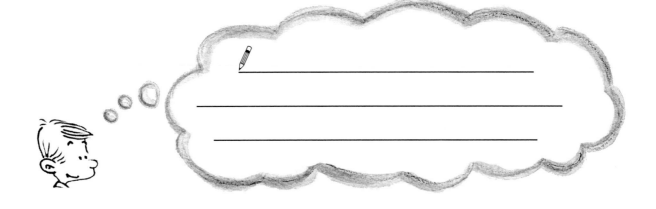

KOHL VERLAG RELIGION UND ETHIK Grundwissen kurz, knapp und klar! – Bestell-Nr. 19 041

EA

Aufgabe 5: **a)** *Kennst du die folgenden guten Verhaltensweisen und hältst du dich daran? Kreuze an, was für dich zutrifft!*

	Ja	Nein	
1.	☐	☐	Ich grüße andere Menschen, z.B. sage ich „Guten Morgen“.
2.	☐	☐	Ich klopfe an die Tür, bevor ich einen Raum betrete, in dem sich eine oder mehrere (erwachsene) Personen befinden.
3.	☐	☐	Ich nehme meine Kopfbedeckung (Mütze ...) ab, wenn ich in ein Zimmer gehe.
4.	☐	☐	Ich habe z.B. kein Kaugummi im Mund, wenn ich mich mit einer anderen Person unterhalte.
5.	☐	☐	Ich lasse Menschen ausreden, ich unterbreche sie nicht beim Sprechen.
6.	☐	☐	Ich fange erst dann am Tisch an zu essen, wenn die anderen Anwesenden damit beginnen.
7.	☐	☐	Ich verlasse den von mir benutzten Platz in einem sauberen, geordneten Zustand.
8.	☐	☐	Ich drängele mich nicht vor, sondern stelle mich (in einer Warteschlange) hinten an.
9.	☐	☐	Ich lasse ältere und behinderte Leute vor und helfe ihnen (halte ihnen z.B. die Tür auf), sofern sie Hilfe benötigen.
10.	☐	☐	Ich bedanke mich (herzlich), falls ich von anderen Leuten etwas erhalten habe.

b) *Welche weiteren guten Verhaltensweisen kennst du und hältst du ein?*

____

____

____

____

Verhalten in verschiedenen Situationen

EA

Aufgabe 6: *Wie reagierst du? Was tust du?*

a) Im Klassenraum liegt ein zusammengeknülltes Blatt Papier auf dem Boden.

____

____

b) Ein Mitschüler spricht dich zu Beginn der Schulpause an: „Lass uns zur Tankstelle gehen!“

____

____

c) Dir wird von einem Klassenkameraden bzw. einer Klassenkameradin eine Zigarette zum Rauchen angeboten.

____

____

____

d) Du wirst plötzlich von einem anderen Schüler als „Hurensohn“ oder als „Schlampe“ bezeichnet.

____

____

____

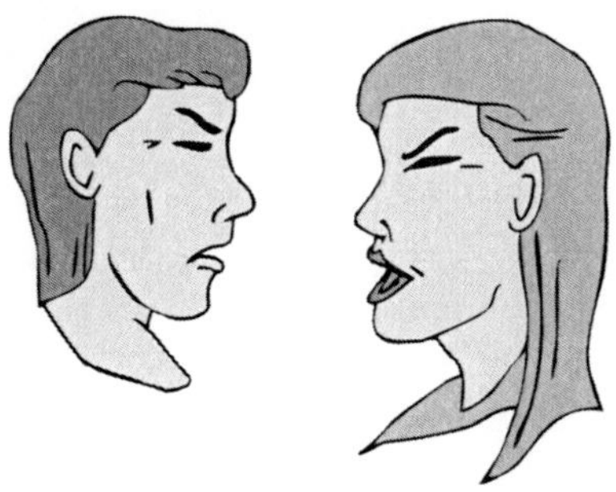

e) Mehrere Mädchen bzw. Jungen ärgern/mobben dich wiederholt.

____

____

____

KOHL VERLAG RELIGION UND ETHIK Grundwissen kurz, knapp und klar! – Bestell-Nr. 19 041

f) Du hast es gesehen: Auf dem Schulhof haben zwei Jungen deiner Klasse Böller geworfen. Der dabei nicht anwesende Klassenlehrer befragt später alle Schüler der Klasse, wer die Böller geworfen hat. Die Täter geben die Tat nicht zu.

____

____

____

g) Du wirst Augenzeuge: Jemand schlägt in einem Schulgebäude die kleine Scheibe am Feuermelder ein und läuft weg.

____

____

h) Du siehst, wie ein großer Junge versucht, einen kleineren Schüler zu verprügeln.

____

____

____

____

i) Soeben erfährst du, dass ein mir dir befreundetes Mädchen Drogen nimmt, die es von einem Bekannten zugesteckt bekommt.

____

____

____

j) Von einem bzw. mehreren Jugendlichen wirst du bedroht und erpresst, Geld (5 Euro) zu zahlen, sonst bekommst du Schläge.

____

____

____

KOHL VERLAG RELIGION UND ETHIK Grundwissen kurz, knapp und klar! – Bestell-Nr. 19 041

4 Streit & Gewalt

Streit

In der Schule gibt es mal wieder Streit. Zwei Jungen, Erkan und Timo, beschimpfen sich laut. Wer den Streit angefangen hat, lässt sich nicht feststellen. Beide Schüler beschuldigen sich gegenseitig. Die Wut der zwei Jungen wird immer größer. Es kommt zur Schlägerei. Ein Mädchen versucht die Auseinandersetzung zu beenden. Das Mädchen ruft: „Dummköpfe streiten und schlagen sich, Schlaumeier vertragen sich!“ Doch die beiden Jungen achten nicht auf die Worte des Mädchens und kämpfen weiter gegeneinander. Jeder will sich durchsetzen, keiner gibt nach. Die zwei Jungen haben es nicht gelernt, Konflikte zu lösen. Sie denken nicht daran, mit dem Streit aufzuhören. Und wenn die beiden Streiter inzwischen nicht gestorben sind, so streiten sie sich noch heute.

EA

Aufgabe 1: *Beantworte die folgenden Fragen in vollständigen Sätzen!*

a) Worum geht es in dieser kurzen Geschichte?

____

____

____

b) Wie findest du die Geschichte? Begründe deine Meinung!

____

____

c) Warum hat der Verfasser diese Geschichte geschrieben?

____

____

d) Wie verhältst du dich, wenn du streitest?

____

____

EA

Aufgabe 2: *Beantworte die folgenden Fragen in vollständigen Sätzen!*

a) Worüber streiten sich Schüler? Nenne fünf verschiedene Gründe, weshalb es zu einem Streit kommen kann!

- ______________________________
- ______________________________
- ______________________________
- ______________________________
- ______________________________

b) Wie können Streitereien beigelegt werden? Nenne fünf verschiedene Möglichkeiten!

- ______________________________
- ______________________________
- ______________________________
- ______________________________
- ______________________________

c) „Wer Streit sucht, wird Ärger ernten."
Erkläre näher, was mit dieser Aussage gemeint ist!

____

____

____

d) Wie lässt sich deiner Meinung nach Streit vermeiden?

____

____

____

____

Sprichwörter zum Thema Streit

EA

Aufgabe 3: *Erkläre mit deinen eigenen Worten, was die folgenden fünf Sprichtwörter besagen!*

a) „Der Klügere gibt nach."

b) „Pack schlägt sich, Pack verträgt sich."

c) „Wenn zwei sich streiten, freut sich der Dritte."

d) „Wer bei einem Streit zuerst still ist, stammt aus einem guten Haus." (tschechisches Sprichwort)

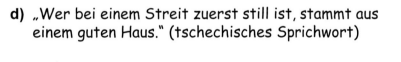

e) „Wer Wind sät, wird Sturm ernten."

Ärger und Wut

EA

Aufgabe 4: *Was ärgert dich, was macht dich wütend? Mit anderen Worten: „Was bringt dich auf die Palme?“ Notiere zehn Dinge, die du tun kannst, wenn dich etwas ärgert und du möglicherweise wütend wirst. Wie kannst du wieder ruhiger werden?*

a) ______________________________

____

b) ______________________________

____

c) ______________________________

____

d) ______________________________

____

e) ______________________________

____

f) ______________________________

____

g) ______________________________

____

h) ______________________________

____

i) ______________________________

____

j) ______________________________

____

KOHL VERLAG
RELIGION UND ETHIK
Grundwissen kurz, knapp und klar! – Bestell-Nr. 19 041

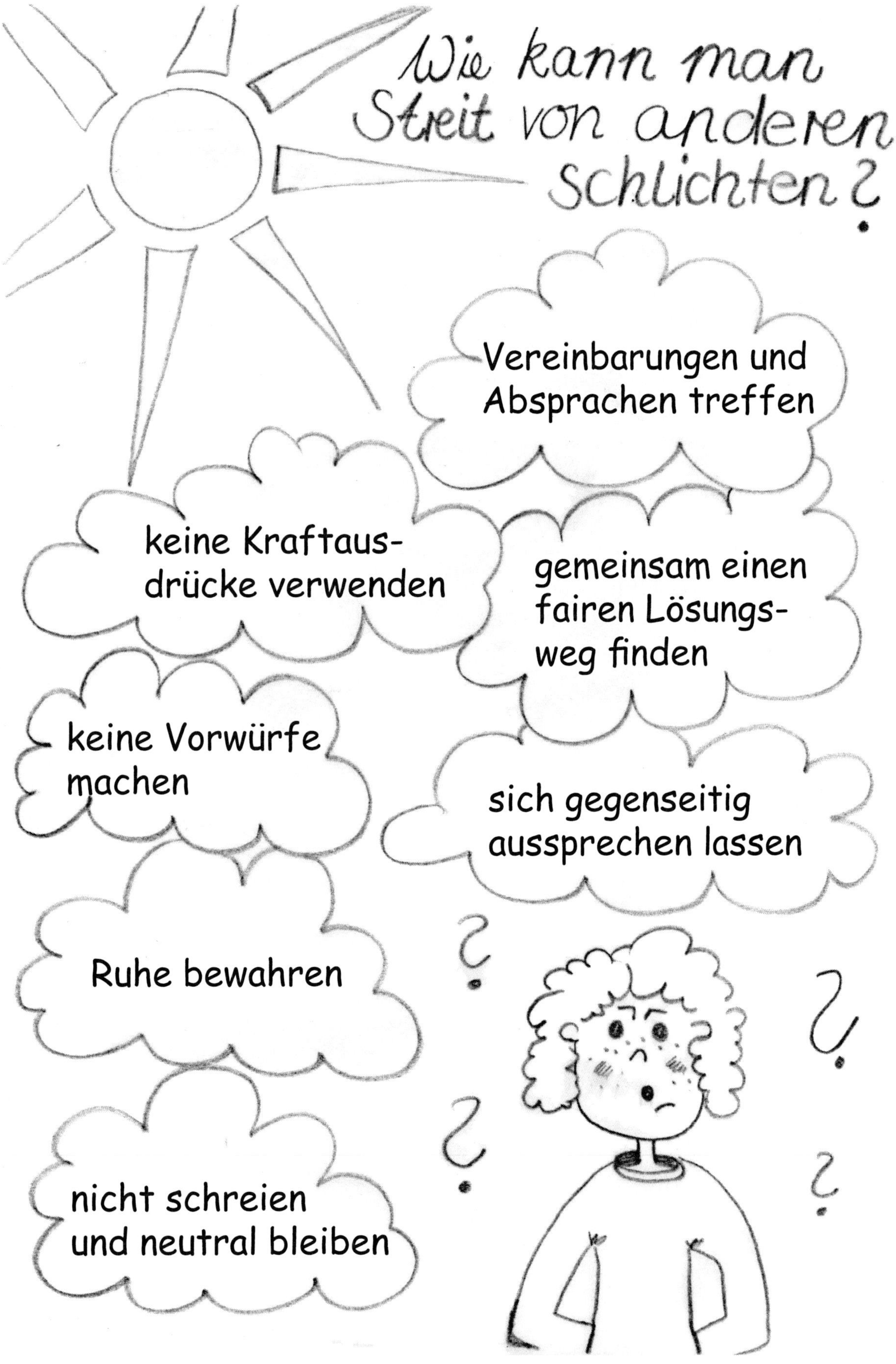

KOHL VERLAG RELIGION UND ETHIK Grundwissen kurz, knapp und klar! – Bestell-Nr. 19 041

Zehn Meinungen zum Thema Gewalt

EA

Aufgabe 5: *Weißt du, was mit den folgenden Aussagen gemeint ist? Stimmst du den Aussagen völlig oder teilweise zu bzw. hast du dazu eine andere Meinung? Wenn ja, dann notiere, warum!*

a) „Jungen sind viel gewalttätiger als Mädchen."

☐ Ja ☐ Nein ☐ ______________________

b) „Körperliche Gewalt ist schlimmer als Gewalt mit Worten."

☐ Ja ☐ Nein ☐ ______________________

c) „Gegen Gewalt hilt nur Gegengewalt."

☐ Ja ☐ Nein ☐ ______________________

d) „Gewalttäter müssen hart bestraft werden."

☐ Ja ☐ Nein ☐ ______________________

e) „Wer Gewalt erlebt hat, wird auch gewalttätig."

☐ Ja ☐ Nein ☐ ______________________

f) „Gewalt löst keine Probleme."

☐ Ja ☐ Nein ☐ ______________________

g) „Wer Gewalt ausübt, ist sonst hilflos oder verzweifelt."

☐ Ja ☐ Nein ☐ ______________________

h) „Gewalt ist wie eine Droge."

☐ Ja ☐ Nein ☐ ______________________

i) „Gewalt auszuüben macht Spaß."

☐ Ja ☐ Nein ☐ ______________________

j) „Jeder Mensch trägt Gewalt in sich."

☐ Ja ☐ Nein ☐ ______________________

Du kannst auch eigene Meinungen zum Thema Gewalt aufschreiben.

Warum werden Mädchen immer gewalttätiger?

Diese Frage stellen sich etliche Experten schon eine längere Zeit, denn einschlägige Polizeiberichte lassen die zunehmende Gewaltbereitschaft von Mädchen erahnen. Normalerweise schreibt man den Jungen eine höhere Gewaltbereitschaft zu. Mädchen sind in unseren Köpfen eher ruhiger und zurückhaltender. Es ist schon seit Jahrhunderten so, dass der Frau bzw. dem Mädchen traditionell die sanftere Persönlichkeit zugeordnet wird. Wer möchte schon eine Frau, die nicht sanft, ruhig, liebevoll, zärtlich, zurückhaltend bis schüchtern oder angepasst ist? Eigentlich doch niemand!
Aber gerade dieses Rollenbild gerät in den Köpfen der jungen Frauen immer mehr ins Wanken. Warum nur? Liebe und angepasste Mädchen haben gegenüber ihren männlichen Altersgenossen zu viele Nachteile erlebt. Zurückhaltung ist oft schon mit Kampflosigkeit verbunden. Ein Grund mehr, sich heutzutage einem neuen Rollenverständnis zuzuwenden. Bisher haben Mädchen überwiegend nur „Zickenterror" ausgeübt. Sie spannen Intrigen, haben gelogen, gemobbt, beleidigt oder ihre Gegner verbal niedergemacht. Aber nun kommt eine Form der Gewalt hinzu, die bisher eher unüblich war. Mehr als 10% der heutigen Mädchen nutzen körperliche Gewalt oder üble Erpressungen, um ihre Ziele zu erreichen. Dabei gehen sie besonders brutal vor. Früher sagte man, Jungen seien aggressiver, weil sie das männliche Hormon Testosteron im Überfluss hätten. Bei manchen Mädchen sucht man heutzutage nach solch einfachen Erklärungen vergebens, denn zwischenzeitlich gibt es jede Menge junge weibliche gewaltbereite Wiederholungstäterinnen. Diese stammen meist aus armen Verhältnissen mit geringem Bildungsniveau oder aus zerrütteten Familien. In ihrem kurzen Leben haben sie bisher selbst oft jede Menge Gewalt erlebt. Ist es da noch unverständlich, wenn diese Mädchen sich genauso gewaltbereit zeigen und für ihre Altersgenossinnen neue „Vorbilder" werden?

EA

Aufgabe 6: *Unterstreiche im Text „Warum werden Mädchen immer gewalttätiger" die wesentlichen Aussagen farbig (möglichst mit einem Textmarker)! Fasse danach die wichtigsten Aussagen in einigen kurzen eigenen Sätzen schriftlich zusammen!*

EA

Aufgabe 7: **a)** *Warum sind Mädchen insgesamt gesehen weniger gewalttätig als Jungen? Wie wird dies begründet?*

b) *Wieso nimmt in letzter Zeit der Anteil der Mädchen an der Jugendgewalt zu? Was wird dazu im Text gesagt?*

c) *Aus welchem sozialen Umfeld stammen die meisten gewaltbereiten Mädchen in der Regel?*

d) *Was stellst du in deinem Umfeld zum Gewaltverhalten von Mädchen fest? Sind Mädchen gewalttätig? Wenn ja, wie zeigt sich dies?*

KOHL VERLAG
RELIGION UND ETHIK
Grundwissen kurz, knapp und klar! – Bestell-Nr. 19 041

Respekt und Toleranz

EA

<u>Aufgabe 8</u>: *Setze die folgenden Begriffe in die Lücken ein!*

> Achtung – Ansicht – Begriff – Adjektiv – Gegenteil –
> Meinung – Menschen – Respekt – Toleranz – Zeitwort

a) Jeder sollte ______________________ vor anderen Menschen haben, besonders vor älteren Leuten.

b) Der ________________ Respekt wurde aus der lateinischen Sprache abgeleitet. (respectus [lateinisch] = Rücksicht)

c) Mit Respekt sind in der heutigen Zeit andere Wörter wie Ansehen, Ehrfurcht,

Hochachtung und ______________________ gemeint.

d) Dies bedeutet u.a.: Man hat den anderen _______________ zu achten und nicht von oben auf ihn herabzusehen oder ihn auszulachen.

e) Das ___________________ zum Hauptwort Respekt heißt respektieren.

f) Ebenfalls aus der lateinischen Sprache stammt das Fremdwort __________ .
(tolerare [lateinisch] = ertragen, erdulden, aushalten)

g) Toleranz beinhaltet, dass man die _____________________ und Gewohnheiten anderer Menschen gelten lässt.

h) Wenn jemand eine abweichende politische oder religiöse ______________ hat, so sollte diese akzeptiert werden.

i) Das Zeitwort zum Hauptwort Toleranz ist tolerieren, das ______________ heißt tolerant.

j) Das ____________________ zu Toleranz ist Intoleranz.

> Verhalte dich gegenüber anderen Menschen so,
> wie du von ihnen behandelt werden möchtest.

KOHL VERLAG
RELIGION UND ETHIK
Grundwissen kurz, knapp und klar! – Bestell-Nr. 19 041

5 Das Gewissen

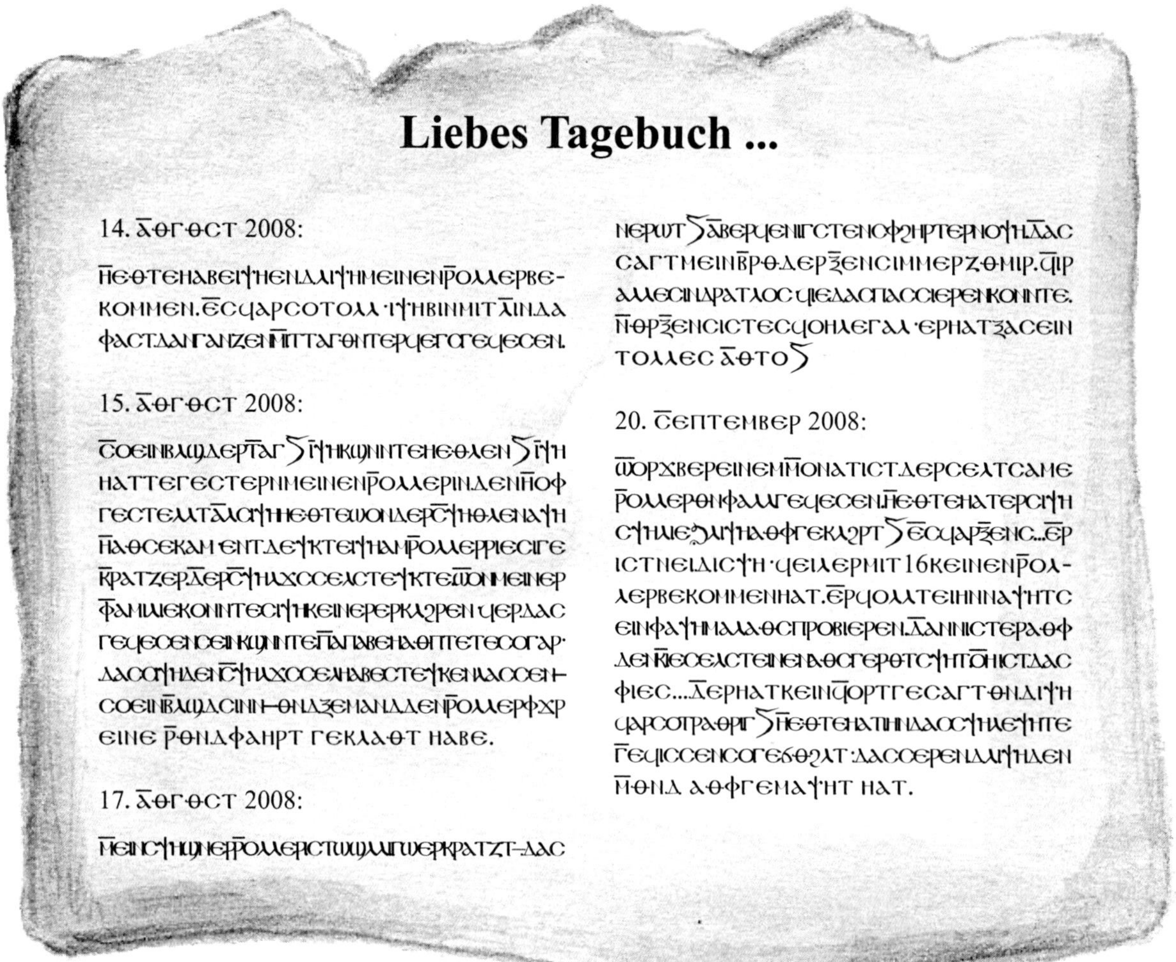

EA

Aufgabe 1: a) *Was könnte der Grund für Jens Schweigen gewesen sein? Finde Gründe und notiere sie unten!*

b) *Versuche Jens Gefühle zu beschreiben! Finde passende Adjektive!*

c) *Beschreibe genau, als dich dein Gewissen einmal quälte! Wie kam es dazu?*

Unser Gewissen

Alle Menschen besitzen ein Gewissen. Das Gewissen lässt sich als „innere Stimme“ des Menschen kennzeichnen. Es teilt mit, was gut und was schlecht ist. Man kann das Gewissen auch mit einem Kompass im Inneren des Menschen vergleichen, d.h. das Gewissen bietet Orientierungen. Ein Gewissen haben beinhaltet u.a., dass man nicht das bzw. alles machen muss, was die Gesellschaft verlangt. Manche Wissenschaftler bzw. andere Personen bezeichnen das Gewissen als „inneren Richter“, „Stimme Gottes“ oder „Über-Ich“.
Die Gewissensfreiheit ist das Recht des Menschen, nur nach dem eigenen Gewissen zu handeln, auch entgegen äußeren Zwängen (möglicherweise im Gegensatz zu Gesetzen).
Schwankt das Gewissen zwischen zwei entgegengesetzten Meinungen, so ist dies ein Gewissenskonflikt.

EA

Aufgabe 2: **a)** *Ein gutes Gewissen haben – was ist damit gemeint?*

____

____

b) *Ein schlechtes Gewissen haben – was bedeutet das? Beschreibe kurz eine Situation aus deinem Leben, als du ein schlechtes Gewissen hattest!*

____

____

____

c) *Was besagt die Redewendung „jemandem ins Gewissen reden“?*

____

____

d) *„Ein gutes Gewissen ist ein sanftes Ruhekissen.“ Erkläre, was dieses Sprichwort aussagt!*

____

____

KOHL VERLAG RELIGION UND ETHIK Grundwissen kurz, knapp und klar! – Bestell-Nr. 19 041

Wie kann einen das Gewissen plagen?

EA

Aufgabe 3: *Schreibe beginnend jeweils mit einem vorgegebenen Buchstaben ein einzelnes Wort bzw. einen Satz, was auf dich zutreffen könnte.*

A ____________________

B ____________________

C ____________________

D ____________________

E ____________________

F ____________________

G ____________________

H ____________________

I ____________________

J ____________________

K ____________________

L ____________________

M ____________________

N ____________________

O ____________________

P ____________________

Q ____________________

R ____________________

S ____________________

T ____________________

U ____________________

V ____________________

W ____________________

Z ____________________

KOHL VERLAG RELIGION UND ETHIK Grundwissen kurz, knapp und klar! – Bestell-Nr. 19 041

Lügen

EA

Aufgabe 4: *Setze die folgenden Begriffe in die Lücken ein!*

Geboten - Gerät - Gründen - Himmel - Notlüge - Psychologen - Sprichwort - Untersuchung - Verhalten - Wahrheit

a) Zu lügen ist ein menschliches ____________________ . Eine Lüge ist eine absichtlich falsche Aussage.

b) Menschen lügen aus unterschiedlichen ____________________ z.B. aus Angeberei, Eifersucht, Scham, Habgier, Bequemlichkeit.

c) Eine ____________________ (im engeren Sinne) ist eine Falschaussage, um einen anderen Menschen nicht zu kränken.

d) Alle Menschen lügen. Eine wissenschaftliche ____________________ ergab: Der Mensch lügt am Tag durchschnittlich 1,6-mal.

e) Manche ____________________ bewerten Lügen als soziale Intelligenz.

f) Die Redensart „Er lügt das Blaue vom ____________________ herunter“ bedeutet: Jemand lügt gewaltig.

g) Ein bekanntes ____________________ besagt: „Wer einmal lügt, dem glaubt man nicht, und wenn er auch die Wahrheit spricht“.

h) Ein Lügendetektor ist ein ____________________ , das u.a. die Herzströme, die Atmung, den Blutdruck und die Hautfeuchtigkeit misst. Damit wird versucht festzustellen, ob eine Person lügt. In Deutschland sind vor Gericht keine Lügendetektoren als Beweismittel zugelassen.

i) Zu den ____________________ des Christentums und auch zu den Regeln anderer Religionen gehört, nicht zu lügen.

j) Das Gegenteil von einer Lüge ist, die ____________________ zu sagen. Man soll(te) ehrlich zueinander sein. Es gibt ein passendes Sprichwort, das heißt „Ehrlichkeit währt am längsten!“ Mit Ehrlichkeit kommt man im Leben weiter als mit Lügen.

5 Das Gewissen

EA

Aufgabe 5: **a)** *Wieso kann es negative Folgen haben, wenn man lügt und dabei erwischt wird? Erkläre!*

b) *In welcher Situation fändest du eine Notlüge für annehmbar? Beschreibe eine solche Situation!*

c) *Konrad Adenauer sagte einmal: „Notlügen gibt es nicht. Man ist immer in Not, also müsste man immer lügen." Was hältst du von diesem Zitat? Begründe deine Meinung!*

PA

Aufgabe 6: *Unten seht ihr acht Aussagen zum Thema Lügen. Sucht euch eine heraus und erklärt deren Bedeutung/Sinn! Schreibt auf die Blattrückseite oder in eure Hefte/Ordner!*

- „Der beste Lügner ist der, der mit den wenigsten Lügen am längsten auskommt." *(Samuel Butler d.J.)*
- „Der Beste muss mitunter lügen; // Zuweilen tut er's mit Vergnügen." *(Wilhelm Busch)*
- „Die meisten Menschen haben vor einer Wahrheit mehr Angst als vor einer Lüge." *(Ernst Ferstl)*
- Eine Lüge reist einmal um die Erde, während sich die Wahrheit die Schuhe anzieht." *(aus England)*
- „Lügen haben kurze Beine." *(Sprichwort)*
- „Lügen sind wie Schneebälle: Je länger man sie rollt, desto größer werden sie." *(Sprichwort)*
- „Eine Lüge schleppt zehn andere nach sich." *(Sprichwort)*
- „Die größte Bestrafung für den Lügner ist, dass er keinem anderen Menschen mehr glauben kann." *(Unbekannt)*

KOHL VERLAG RELIGION UND ETHIK Grundwissen kurz, knapp und klar! – Bestell-Nr. 19 041

6 Was bestimmt mein Leben?

Was macht glücklich?

Antworten aus aller Welt:

Enrico (5 Jahre) lebt in Rio de Janeiro in Brasilien:
„Ich bin total glücklich, wenn ich im Stadtpark bin und schaukeln darf oder in der Sandkiste spiele!"

Nijam (7 Jahre) lebt in Hongkong in China:
„Mich macht es immer ganz glücklich, wenn ich mit meiner Familie in unserer kleinen Wohnung esse und wir zusammen sind."

Zaniha (14 Jahre) lebt in Namibia in Afrika:
„Ich bin glücklich, wenn es unseren Dorfbewohnern gut geht, wenn wir Wasser und etwas zu essen haben und unser Vieh gesund ist."

Michael (19 Jahre) lebt ohne Job und ohne Ausbildung in Stuttgart:
„Glück? Hatte ich selten! Aber ich bin zufrieden mit der Welt, wenn ich ein paar Kumpels zum PC-spielen habe und wir ein paar Bierchen zischen! Meine Kumpels sind mir heilig."

Pete (21 Jahre) ist Student aus New York:
„Ich bin glücklich, wenn ich am Abend die große Stadt draußen lassen kann, auf meinem Sofa liege und 'nen guten Film schaue ... Chips sind auch cool!"

Charly & Kate (beide 32 Jahre), ein Ehepaar aus Oxted in England:
„Wir sind überglücklich, wenn wir sehen, wie unsere zwei Kinder im Garten spielen."

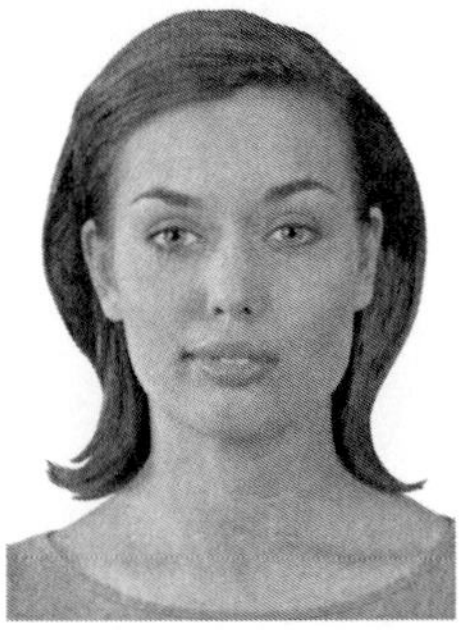

Nathalia (35 Jahre), Lehrerin in St. Petersburg in Russland:
„Ich bin eigentlich in meinem Beruf sehr, sehr glücklich. Aber ich habe auch Glücksgefühle, wenn ich nach einem harten Schultag zufrieden auf meinem Sofa sitze."

José (43 Jahre) ist Bergbauarbeiter und lebt in Peru:
„Für mich bedeutet das größte Glück, wenn alle meine Söhne und Töchter am Abend (nach einem harten Arbeitstag) gesund und munter mit mir und Mama zu Abend essen."

Regan & Alex (45 und 47 Jahre alt), Ehepaar, bewirtschaften eine Rinderfarm im Outback in Südaustralien:
„Wir haben Glücksgefühle, wenn es bei uns regnet!"

Maria (89 Jahre) lebt in der Schweiz in einem kleinen Dorf:
„Ich bin glücklich, wenn ich bald wieder mit meinem Mann vereint bin!"

6 Was bestimmt mein Leben?

EA

Aufgabe 1: *Vergleiche die 10 Aussagen über das Glücklichsein! Fasse den Inhalt in Stichworten zusammen:*

- spielen ____________________
- ____________________
- ____________________
- ____________________
- ____________________
- ____________________
- ____________________
- ____________________
- ____________________
- ____________________

PA

Aufgabe 2: *Suche dir einen Partner! Welche Aussage gefällt euch am besten bzw. welcher Kommentar hat für euch am meisten Bedeutung? Tauscht euch über die Gründe aus!*

EA

Aufgabe 3: *Was macht dich glücklich?*

____

____

____

EA

Aufgabe 4: *Zum Glücklichsein gehören oft viele Dinge, welche fallen dir ein?*

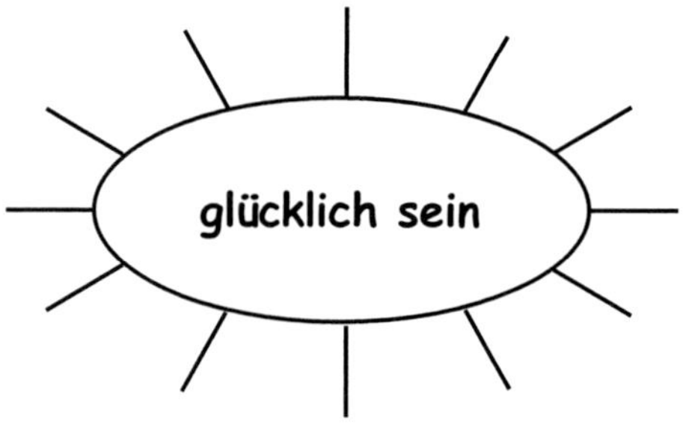

6 Was bestimmt mein Leben?

EA

<u>Aufgabe 5</u>: *Weißt du, was mit den folgenden Redensarten bzw. Sprichwörtern gemeint ist?*

a) „Das hat mir gerade noch zu meinem Glück gefehlt."

____

b) „Mehr Glück als Verstand haben."

____

c) „Glück im Unglück haben."

____

d) „Glück hat auf die Dauer nur der Tüchtige."

____

e) „Jeder ist seines Glückes Schmied."

____

EA

<u>Aufgabe 6</u>: *Passt ein Sprichwort bzw. eine Redensart auf eine Situation in deinem Leben? Berichte!*

____

____

____

____

____

EA

<u>Aufgabe 7</u>: *Kennst du zum Thema Glück noch weitere Redensarten oder Sprichwörter? Du kannst auch mal im Internet forschen!*

____

____

RELIGION UND ETHIK
Grundwissen kurz, knapp und klar! – Bestell-Nr. 19 041
KOHL VERLAG

6 Was bestimmt mein Leben?

EA

Aufgabe 8: *Welchen Stellenwert haben die anschließend genannten 20 Dinge im Leben für dich? Stelle eine Rangliste von 1 bis 20 auf!*

- aktiv Sport treiben
- Musik hören
- Fernsehen gucken
- Spaß haben
- sich schick kleiden und stylen
- telefonieren und chatten
- gute Zensuren in der Schule erreichen
- zu Gott beten
- sich mit den Eltern verstehen
- sich für ein Mädchen/einen Jungen interessieren
- beim Sport zuschauen
- Partys feiern
- am Computer spielen
- Einkaufsbummel machen
- Zeitungen/Bücher lesen
- schlafen und faulenzen
- einen Beruf anstreben
- sich für andere Leute einsetzen
- mit Freunden zusammen sein
- viel Geld verdienen

1. ______________________
2. ______________________
3. ______________________
4. ______________________
5. ______________________
6. ______________________
7. ______________________
8. ______________________
9. ______________________
10. ______________________
11. ______________________
12. ______________________
13. ______________________
14. ______________________
15. ______________________
16. ______________________
17. ______________________
18. ______________________
19. ______________________
20. ______________________

PA

Aufgabe 9: *Suche dir einen Partner! Besprecht gemeinsam eure Ranglisten. Nennt euch gegenseitig die Gründe für die jeweiligen Platzierungen! Besprecht die Rangliste anschließend in der Klasse!*

Freundschaft

Hendrik glaubte, gute Freunde zu haben. Während der Woche und am Wochenende trafen sich Hendrik und seine Freunde. Sie waren öfter unterwegs. Zum Beispiel gingen sie ins Kino, ins Schwimmbad oder spielten Fußball. Miteinander hatten sie viel Spaß.
Eines späten Abends im Sommer kletterten Hendrik und seine Freunde im Dunkeln über den hohen Zaun eines schon geschlossenen Freibades und vergnügten sich im Wasser. Plötzlich ging im Freibad an mehreren Stellen das Licht an. Schnell ergriffen die Jugendlichen ihre Kleidungsstücke und versuchten, über den Zaun zu fliehen. Hendrik hatte Pech. Beim Überklettern des Zaunes verletzte sich Hendrik (erheblich), stürzte auch noch und blieb auf dem Boden liegen. Hendrik schrie laut vor Schmerzen, doch seine Freunde rannten davon.
Später stellte sich heraus: Hendrik hatte sich einen Oberschenkel aufgerissen sowie einen Fuß gebrochen. Der Junge musste eine Zeit im Krankenhaus verbringen. Dort besuchten ihn täglich seine Eltern. Seine Freunde ließen sich nicht sehen ...

EA

Aufgabe 10: **a)** *Wie beurteilst du das Verhalten von Hendriks Freunden?*

____

____

b) *Warum sind Hendriks Freunde wohl nicht ins Krankenhaus gekommen?*

____

____

EA

Aufgabe 11: *Was gehört für dich zu einer echten Freundschaft? Gestalte das Cluster!*

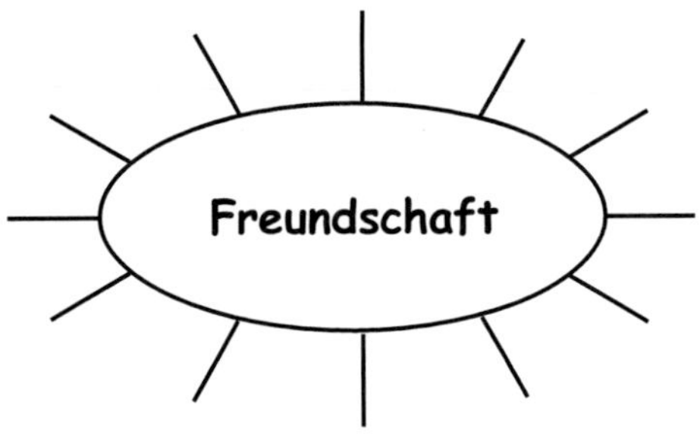

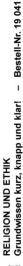

Zehn Sprichwörter zum Thema „Freundschaft“

1. „Wer ohne Freund lebt, lebt nur halb“.
2. „Jedermanns Freund ist niemands Freund.“
3. „Gute Freunde habe ich viel(e), bis ich sie gebrauchen will.“
4. „Im Unglück erkennt man die Freunde.“
5. „Freundschaft besteht darin, dass man einander nie im Stich lässt.“
6. „Kurze Besuche verlängern die Freundschaft.“
7. „Freunde finden ist leicht, sie behalten schwer.“ *(russ. Sprichwort)*
8. „Wer einen guten Freund hat, braucht keinen Spiegel.“
9. „Geflickte Freundschaft ist selten wieder ganz.“
10. „Iss mit deinem Freund, aber mach(e) mit ihm keine Geschäft.“ *(armen. Sprichwort)*

EA

Aufgabe 12: *Lies die Sprichwörter in Ruhe durch! Wähle drei Sprichwörter aus und erkläre sie mit deinen eigenen Worten!*

Nr. ☐ ____

____

____

Nr. ☐ ____

____

____

Nr. ☐ ____

____

____

EA

Aufgabe 13: **a)** *Welches dieser Sprichwörter trifft am meisten auf dich zu? Warum?*

____

____

b) *Kennst du weitere Sprichwörter? Schreibe sie auf der Blattrückseite auf!*

KOHL VERLAG
RELIGION UND ETHIK
Grundwissen kurz, knapp und klar! – Bestell-Nr. 19 041

Liebe

Öfter wird gesagt: „Wenn man richtig verliebt ist, hat man Schmetterlinge im Bauch."

EA

Aufgabe 14: *Kannst du diesen Spruch erklären? Was ist damit gemeint?*

____

____

____

EA

Aufgabe 15: *Liebe – was ist das? Was gehört deiner Meinung nach dazu?*

____

____

____

EA

Aufgabe 16: **a)** *Lies die folgenden Sprichwörter aufmerksam durch!*

1. „Glück im Spiel, Pech in der Liebe!"
2. „Wer sich liebt, neckt sich."
3. „Liebe ist/macht blind."
4. „Liebe geht durch den Magen."
5. „Trennung frischt die Liebe auf."
6. „Alte Liebe rostet nicht."
7. „Die Liebe neigt sich auf die Seite, wo der (Geld-)beutel hängt."
8. „Liebeskummer lohnt sich nicht."
9. „Die Liebe beginnt mit den Augen." *(russisches Sprichwort)*
10. „Liebe ist ein Glas, das zerbricht, wenn man es zu unsicher oder zu fest anfasst." *(russisches Sprichwort)*

b) *Wähle ein Sprichwort aus, das dir besonders gut gefällt oder auf dich vielleicht im Besonderen zutrifft! Erkläre die Bedeutung dieses Sprichwortes! Schreibe auf die Rückseite des Arbeitsblattes oder in dein Heft/in deinen Ordner!*

RELIGION UND ETHIK
Grundwissen kurz, knapp und klar! – Bestell-Nr. 19 041
KOHL VERLAG

Lebensweisheiten

Es gibt sogenannte Lebensweisheiten, die uns Menschen Orientierungshilfen für den Alltag bieten sollen. Lehrer in der Schule erwähnen früher wie heute, dass nur das Üben uns zu Meistern macht, dass wir nur Preise erhalten, wenn wir fleißig sind, aber es sei trotzdem noch kein Meister vom Himmel gefallen. Wir wissen aber, dass wir immer einen Weg finden, wenn wir wollen, und uns viele Straßen in eine italienische Stadt bringen ...
Zu Hause wird uns von den Eltern auch allerhand Kluges für das Leben beigebracht. Mutter ist der Meinung, dass das halbe Leben aus der Ordnung besteht und Vater vermittelt uns jeden Morgen, dass die frühen Stunden am Tag „Gold im Mund" haben. Auf unsere Erziehung sind die Eltern ganz besonders stolz, aber sie erwähnen es ja nicht selbst, da zu viel Lob aus eigenem Munde bekanntlicherweise nicht gut riecht. Beim Kochen machen sie allerdings dicht – das machen sie alleine, sonst wird der Brei verdorben.
Die Großeltern achten auf unsere Kleidung, sie finden, dass die Textilien feine Leute aus uns machen können. Unter anderem wird uns auferlegt, sich wegen Kleingeld zu freuen, da wir es sonst nicht wert sind, größere Summen zu erhalten. Gleichzeitig sollen wir Geld sparen, damit wir genug für die Zeiten der Not haben. Man wird im Leben auch von allen Seiten gewarnt, dass man anderen keine Fallen bauen soll – da man sonst noch selbst hineinfällt! Aber es lässt sich ja nun darüber streiten, denn wenn man nicht zuhört, muss man es halt fühlen. So, nun ist es wohl wertvoller, darüber zu schweigen als weiterzureden!

EA

Aufgabe 17: **a)** *Markiere im Text alle Weisheiten, die du finden kannst! (Ein Tipp: Es sind 15 Sprichwörter!)*

b) *Mache eine Auflistung über die Weisheiten! Wie lauten die richtigen Sprichwörter dazu?*

Mein Leben als Erwachsener

EA

<u>Aufgabe 18</u>: a) *Das ist meine Familie:*

b) *So wohne ich:*

c) *Mein Geld verdiene ich auf diese Weise:*

d) *Damit verbringe ich meine Freizeit:*

e) *Ich sehe so aus:*

f) *Ich habe folgende Lebensziele bzw. Lebensträume:*

KOHL VERLAG RELIGION UND ETHIK
Grundwissen kurz, knapp und klar! – Bestell-Nr. 19 041

Gesellschaft

EA

Aufgabe 19: *Setze die folgenden Begriffe in die Lücken ein!*

Ausländer - Gesellschaft - Gesetz - Normen - Personen - Probleme - Randgruppen - Rolle - Schichten - Vereinzelung

a) Die meisten Menschen leben nicht allein, sondern zusammen mit anderen ______________________________ .

b) Die Gesamtheit der Menschen, die im staatlichen, wirtschaftlichen und geistigen Leben zusammenwirken, bezeichnet man als ________________ . In Deutschland ist die Gesellschaft auf Leistung ausgerichtet (=leistungsorientiert).

c) Nach dem Grundgesetz sind in Deutschland alle Mitglieder der Gesellschaft vor dem ______________________________ gleich.

d) Jedoch gibt es in der Gesellschaft verschiedene ______________________ . Sehr grob vereinfacht lassen sich folgende Gruppen unterscheiden: die Oberschicht (z.B. Großunternehmer), die Mittelschicht (z.B. Lehrer) und die Unterschicht (z.B. Arbeiter).

e) Zu den _________________________ (= Randständigen) in der Gesellschaft gehören u.a. Obdachlose, Drogensüchtige, Kriminelle.

f) Das Verhalten der Menschen in der Gesellschaft wird maßgeblich durch _________________________ (= Vorschriften und Regeln) bestimmt oder zumindest beeinflusst.

g) Der einzelne Mensch nimmt eine soziale __________________________ ein, er ist in der Gesellschaft Rollenerwartungen ausgesetzt.

h) In Deutschland leben Mehrheiten (Deutsche) und Minderheiten. Durch Einwanderung hat in Deutschland die Zahl der ____________________ zugenommen.

i) Durch die Eigliederung (= Integration) bzw. die Anpassung entstehen häufig

____________________________ .

j) Seit einiger Zeit ist in Deutschland in der Gesellschaft eine Entwicklung zur

____________________________ (= Individualisierung) festzustellen, d.h. zunehmend ziehen es Menschen vor, unabhängig zu sein, allein zu wohnen und keine festen Kontakte mit anderen Menschen einzugehen oder diese zu pflegen.

EA

Aufgabe 20: *Fasse den Inhalt der vorhergehenden Aufgabe kurz zusammen!*

____

____

____

____

____

____

____

____

EA

Aufgabe 21: *Im Text ist von Rollenerwartung die Rede. Welche Rolle spielst du in deiner Umwelt? Welche Rollenerwartungen werden an dich gestellt? Erstelle ein Cluster:*

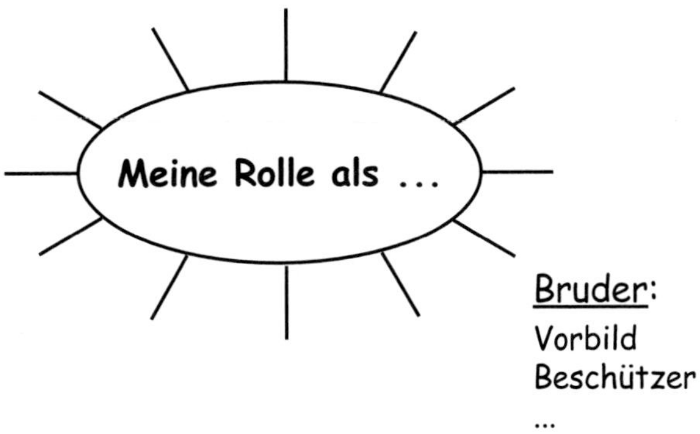

Glaube und Aberglaube

EA

Aufgabe 22: *Setze die folgenden Begriffe in die Lücken ein!*

Freitag - Gegenteil - Glaubenslehre - Gott - Kleeblatt - Konfession - Kräfte - Sprache - Religion - Volksreligionen

a) Menschen glauben. In der deutschen ____________________ bedeutet das Verb „glauben“ allgemein, dass etwas für wahr gehalten wird, ohne dass es überprüft worden ist oder die Möglichkeit dazu besteht.

b) Das ____________________ von „glauben“ ist in diesem Sinne etwas (tatsächlich) wissen.

c) Im geistlichen Sinne beinhaltet das Zeitwert „glauben“, sich zu der jeweiligen ____________________, der man angehört, zu bekennen.

d) Damit ist vor allem gemeint, die in der Religion übergeordnete(n) Autoritäten (____________________ ...) gehorsam anzuerkennen und ihr/ihnen zu vertrauen.

e) Das Bekenntnis zu einem bestimmten religiösen Glauben wird auch als ____________________ bezeichnet.
(confessio [lateinisch] = Eingeständnis, Bekenntnis)

f) Mit dem Begriff Aberglaube(n) wurden ursprünglich abwertend alle Dinge des Glaubens benannt, die der herrschenden christlichen ____________________ widersprachen.

g) Heutzutage wird das Wort Aberglaube(n) gebraucht als Glaube an geheimnisvolle ____________________ in Personen und Dingen, die scheinbar naturgesetzlich unerklärbare Ereignisse hervorrufen.

h) Manche Formen des Aberglaubens (z.B. der Glaube an Hexen und Geister) gingen aus alten ____________________ hervor.

KOHL VERLAG RELIGION UND ETHIK Grundwissen kurz, knapp und klar! – Bestell-Nr. 19 041

i) Zum Aberglauben gehören u.a.: Man glaubt, dass an einem ____________ , den 13., alles misslingt (= „schiefgeht“). Du nimmst an, eine schwarze Katze, die vor dir von links nach rechts über den Weg läuft, bringt Unglück.

j) Abergläubische Menschen meinen, dass ein vierblättriges ____________ zu finden bzw. einen Schornsteinfeger zu treffen, Glück bewirken kann.

EA

Aufgabe 23: a) *Was bedeutet „glauben“? Erkläre mit deinen eigenen Worten!*

____

____

____

____

____

b) *Was bedeutet „abergläubisch sein“? Erkläre mit deinen Worten!*

____

____

____

c) *Bist du gläubig? Bist du abergläubisch? Worin zeigt sich das?*

____

____

____

PA

Aufgabe 24: *Fallen euch typische abergläubische Verhaltensweisen in bestimmten Situationen ein, die bei den Menschen sehr verbreitet sind? Erstellt eine Tabelle mit zwei Spalten für „Das bringt Glück“ und „Das bringt Unglück“ und tragt eure Einfälle dort ein!*

KOHL VERLAG RELIGION UND ETHIK Grundwissen kurz, knapp und klar! – Bestell-Nr. 19 041

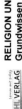

Der religiöse Glaube

In unserer Gesellschaft gibt es sowohl gläubige als auch ungläubige Menschen. Die Gläubigen gehören zu einer Religion, die sie entweder nach Überzeugung gewählt haben oder nach der sie getauft wurden. Andere lehnen ihre Religion ab oder treten aus ihrer Kirche aus.
Jeder Mensch hat seine persönliche Einstellung zur Religion und darf diese auch haben. Die Wissenschaftler haben ebenfalls verschiedene Meinungen. Die einen vertreten den Atheismus, was bedeutet, dass naturwissenschaftlich nichts auf Gott hinweist. Andere sind der Meinung, dass die Menschen den Glauben brauchen, um Trost, Schutz und Liebe zu finden.

Aber warum glauben Menschen an Gott? Wir haben mal nachgefragt:

Petra (13 Jahre):
„Jeden Abend, wenn ich ins Bett gehe, bete ich. Ich danke Gott für den Tag oder bitte ihn um Hilfe. Ich lasse mich bald konfirmieren – aus Überzeugung."

Rebecca (18 Jahre):
„Meine Eltern haben mich sehr streng katholisch erzogen. Früher fand ich es nicht so toll. Heute bin ich froh, denn Gott ist immer für mich da!"

Johannes (16 Jahre):
„Mit 14 wurde ich sehr krank, ich lag sehr lange im Bett. Meine Oma schenkte mir eine Bibel. Ich las täglich darin. Ich begann, mit Gott über meine Krankheit zu sprechen. Ich weiß, dass er mich wieder gesund gemacht hat!"

Linda (20 Jahre):
„Ich verlor mit 15 Jahren meine Eltern und meine beiden Geschwister durch einen Autounfall. Ohne Gottes Hilfe würde ich heute auch nicht mehr leben. Er gab mir die Kraft, den Alltag zu meistern."

Joachim (45 Jahre):
„Ich bin Arzt in einem Krankenhaus. Ich arbeite auf der Krebsstation. Als ich noch jünger war, hatte ich große Probleme mit meinen gläubigen Patienten. Sie lachten mich an, wussten, dass sie sterben würden und freuten sich dabei aber auf das, was Gott für sie bereithielt. Ich beschäftigte mich schließlich mit verschiedenen Religionen und fand meinen Glauben. Ich danke Gott dafür, dass er mir auf den rechten Weg verhalf!"

6 Was bestimmt mein Leben?

EA

Aufgabe 25: *Notiere die Gründe, warum diese Menschen glauben bzw. wie sie zum Glauben gekommen sind!*

Petra: ______________________________

____

____

Rebecca: ______________________________

____

____

Johannes: ______________________________

____

____

Linda: ______________________________

____

____

Joachim: ______________________________

____

____

EA

Aufgabe 26: *Welche Rolle spielt der Glaube in deinem Leben? Erkläre!*

____

____

____

____

____

So ist das Leben – ein Ereignisspiel

• Spielerzahl: • möglichst 2-4 Spieler

• Spielmaterialien: • 1 Spielplan (siehe Vorlage S. 75), 50 Ereigniskarten (siehe Vorlagen auf S. 76-80), 1 sechsflächiger Zahlenwürfel (mit den Augenzahlen 1-6) + evtl. 1 Würfelbecher; je Spieler: 1 kleiner Spielstein, der sich von Spielsteinen der anderen Spieler farblich unterscheidet.

Spielregeln: Im Spiel werden die Spieler mit Situationen aus dem Leben konfrontiert, die auf den Ereigniskarten genannt werden. Vor Spielbeginn werden alle Ereigniskarten gründlich gemischt und anschließend mit der Rückseite nach oben auf einem oder mehreren Stapeln neben dem Spielplan abgelegt. Ebenfalls vor Anfang des Spiels stellt jeder Spieler seinen Spielstein auf dem Spielplan unmittelbar vor dem Feld Nr. 1 auf.

Im Spiel sind die Spieler abwechselnd an der Reihe. Gelangt der Spieler mit seinem Spielstein gemäß dem erzielten Würfelergebnis auf ein Feld, das eine ungerade Zahl (l, 3, 5, 7, 9 ...) aufweist, muss danach die oberste Ereigniskarte des Kartenstapels aufgedeckt werden. Je nachdem, was auf der aufgedeckten Ereigniskarte zu lesen ist, kann der eigene Spielstein dann noch weiter vorgezogen werden („+ ..“) oder muss zurückgesetzt („- ...“) werden. Wird ein Feld angewürfelt, das eine gerade Zahl (2, 4, 6, 8, 10, ...) trägt, wird der Spielstein auf jenes Feld vorgezogen, ohne dass dann eine Ereigniskarte aufzudecken ist.

Die verbrauchten Ereigniskarten werden auf einem Extrastapel abgelegt, bei Bedarf neu vermischt und erneut verwendet.

Spielsieg: Spielgewinner wird, wer mit seinem Spielstein auf dem Spielplan die Ziellinie zuerst überschreitet.

Spielvariationen :

• Andere bzw. weitere Ereigniskarten werden in das Spiel aufgenommen. Die Schüler überlegen sich Lebensereignisse und notieren diese auf Blanko-Vorlagen.

• Das Spiel wird ohne Spielplan und ohne Würfel ausgetragen. Die Ereigniskarten werden intensiv gemischt und sodann mit der Rückseite nach oben auf einem Tisch nebeneinander ausgelegt. Jeweils deckt ein Spieler eine Ereigniskarte auf. Spielsieger wird, wer schließlich die meisten Karten mit positiven Ereignissen („+“) besitzt.

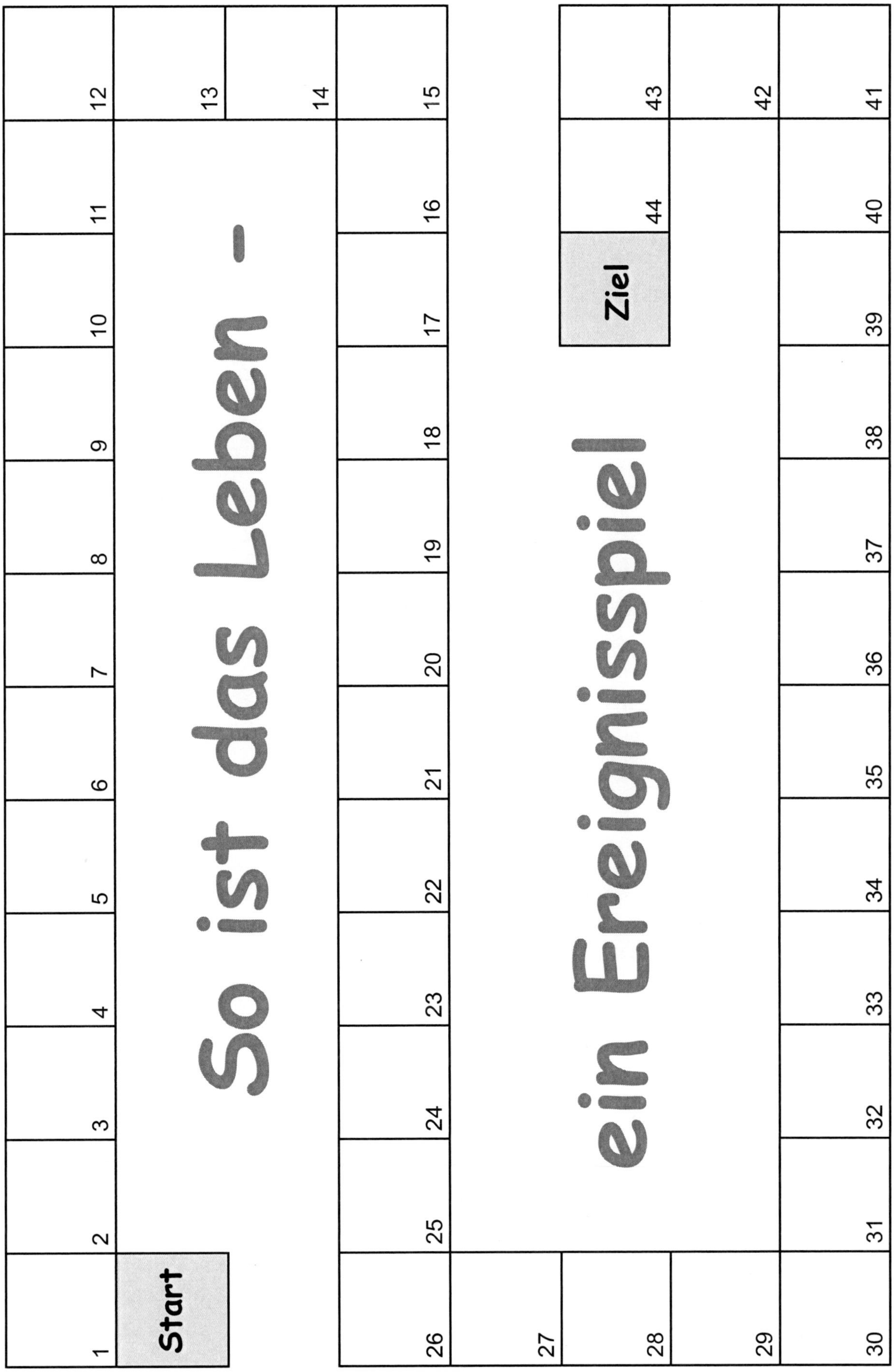
So ist das Leben –
ein Ereignisspiel
Start
Ziel
1
2
3
4
5
6
7
8
9
10
11
12
13
14
15
16
17
18
19
20
21
22
23
24
25
26
27
28
29
30
31
32
33
34
35
36
37
38
39
40
41
42
43
44

Ereigniskarten

Du hast dich gründlich auf die Klassenarbeit vorbereitet. ⇨ **3 Felder vorwärts!**	Du begehst bei einer Klassenarbeit einen Täuschungsversuch, den der Lehrer bemerkt. ⇨ **5 Felder rückwärts!**
Du kommst 3 Minuten zu spät zum Unterricht. ⇨ **1 Feld rückwärts!**	Du versprichst dem Lehrer zu helfen, vergisst es aber dann. ⇨ **1 Feld rückwärts!**
Du arbeitest in der Schule selbstständig, verzichtest sogar auf die Pause. ⇨ **5 Felder vorwärts!**	Du duldest, dass ein anderer Schüler gemobbt wird. ⇨ **3 Felder rückwärts!**
Du bist lustlos und störst im Unterricht. ⇨ **5 Felder rückwärts!**	Du bietest Mitschülern (kostenlos) schulische Nachhilfe an. ⇨ **3 Felder vorwärts!**
Du machst mit bei der Streitschlichter-Ausbildung in der Schule. ⇨ **5 Felder vorwärts!**	Du bittest Mitschüler, sich vernünftig zu verhalten. ⇨ **3 Felder vorwärts!**

Tipp: Diese Vorlagen lassen sich per Fotokopierer auf härteren Untergrund übertragen, laminieren und einzeln ausschneiden.

KOHL VERLAG RELIGION UND ETHIK Grundwissen kurz, knapp und klar! – Bestell-Nr. 19 041

7 Spiele zum Leben

Du hältst dich nicht an das Rauchverbot in der Schule.

⇨ **5 Felder rückwärts!**

Du bewahrst Ruhe und lässt dich nicht provozieren.

⇨ **3 Felder vorwärts!**

Du übernimmst Verantwortung und kümmerst dich darum, dass in der Schule ein Fußballturnier stattfindet.

⇨ **5 Felder vorwärts!**

Du achtest nur wenig auf Ordnung und Sauberkeit.

⇨ **1 Feld rückwärts!**

Zusammen mit anderen Schülern organisierst du ein Fest in der Schule.

⇨ **3 Felder vorwärts!**

Du appellierst in der Klasse an den Gemeinschaftsgeist („Einer für alle, alle für einen.").

⇨ **1 Feld vorwärts!**

Du gebrauchst wiederholt Schimpfwörter.

⇨ **3 Felder rückwärts!**

Anstatt zur Schule zu gehen, schwänzt du einen Tag und treibst dich in der Stadt herum.

⇨ **5 Felder rückwärts!**

Du bist fair und gratulierst der gegnerischen Schulmannschaft zum Sieg.

⇨ **3 Felder vorwärts!**

Du beachtest nicht die Gesprächsregeln, u.a. lässt du andere Personen nicht ausreden.

⇨ **3 Felder rückwärts!**

Tipp: Diese Vorlagen lassen sich per Fotokopierer auf härteren Untergrund übertragen, laminieren und einzeln ausschneiden.

Vor erwachsenen Personen hast du Respekt.

⇨ **5 Felder rückwärts!**

Du bezeichnest einen Polizisten als „Bullen".

⇨ **3 Felder rückwärts!**

Du bist höflich und bietest einer älteren Dame im Bus einen Sitzplatz an.

⇨ **3 Felder vorwärts!**

Du wirfst Abfallpapier nicht in den Mülleimer, sondern lässt es auf den Boden fallen und dort liegen.

⇨ **1 Feld rückwärts!**

Du bist in einem Kaufhaus an einem Warendiebstahl beteiligt.

⇨ **7 Felder rückwärts!**

Für dich ist es selbstverständlich, an der Tür anzuklopfen und zu warten, bis du aufgefordert wirst, das Zimmer zu betreten.

⇨ **3 Felder vorwärts!**

Du findest auf der Straße ein Portmonee mit Geld und Ausweis und gibst es bei der Polizei ab.

⇨ **5 Felder vorwärts!**

Du gehst freundlich auf fremde Leute zu und erklärst ihnen den Weg.

⇨ **3 Felder vorwärts!**

Du behältst vertrauliche Dinge nicht für dich, sondern erzählst sie weiter.

⇨ **3 Felder rückwärts!**

Nach dem Ende des Unterrichts trinkst du am Bahnhof reichlich Alkohol.

⇨ **5 Felder rückwärts!**

Tipp: Diese Vorlagen lassen sich per Fotokopierer auf härteren Untergrund übertragen, laminieren und einzeln ausschneiden.

7 Spiele zum Leben

Du lässt deine schlechte Laune an anderen Menschen aus.

⇨ **3 Felder rückwärts!**

Du lässt dir trotz des schlechten Wetters die Laune nicht verderben.

⇨ **1 Feld vorwärts!**

Du bist überheblich und überschätzt deine Fähigkeiten.

⇨ **1 Feld rückwärts!**

Du bist ausgeglichen und anpassungsfähig.

⇨ **3 Felder vorwärts!**

Du bist gesellig und kommst mit anderen Gleichaltrigen gut zurecht.

⇨ **3 Felder vorwärts!**

Du hast die von deinen Eltern gestellte Arbeitsaufgabe nur flüchtig erledigt.

⇨ **1 Feld rückwärts!**

Du sammelst zusammen mit anderen Schülern gebrauchtes Spielzeug für einen wohltätigen Zweck (für arme Kinder).

⇨ **5 Felder vorwärts!**

Du munterst andere Leute mit deiner Fröhlichkeit auf.

⇨ **1 Feld vorwärts!**

Du lässt dich gerne beim Essen bedienen und drückst dich vorm Abwaschen und Aufräumen.

⇨ **5 Felder rückwärts!**

Am Computer spielen, chatten und Fernsehen gucken – darauf beschränkt sich gewöhnlich dein Freizeitverhalten.

⇨ **3 Felder rückwärts!**

Tipp: Diese Vorlagen lassen sich per Fotokopierer auf härteren Untergrund übertragen, laminieren und einzeln ausschneiden.

KOHL VERLAG RELIGION UND ETHIK Grundwissen kurz, knapp und klar! – Bestell-Nr. 19 041

Du gehst bei „Rot“ über den Zebrastreifen einer Straße.

⇨ **3 Felder rückwärts!**

Du hast Pech, denn bei einem selbst verursachten Fahrradunfall brichst du dir zwei Finger.

⇨ **5 Felder rückwärts!**

Du hast Glück bei einem Preisausschreiben und erhältst einen Sachgewinn.

⇨ **3 Felder vorwärts!**

Du bist aktiv in einer Gruppe tätig, die sich für den Naturschutz einsetzt.

⇨ **5 Felder vorwärts!**

Du drehst in deinem Zimmer die Musik auf und nimmst keine Rücksicht auf die Nachbarn.

⇨ **3 Felder rückwärts!**

Du sitzt auf dem Gepäckträger eines frisierten Mofas. Dein Freund rast mit dir auf der Straße entlang.

⇨ **5 Felder rückwärts!**

Du arbeitest ehrenamtlich für das Deutsche Rote Kreuz.

⇨ **5 Felder vorwärts!**

Du hast deinen Eltern versprochen, um 22 Uhr nach Hause zu kommen, bist jedoch erst um 24 Uhr zurück.

⇨ **3 Felder rückwärts!**

In den Ferien machst du freiwillig ein Betriebspraktikum und zeigst dabei gute Leistungen.

⇨ **5 Felder vorwärts!**

Du spendest Geld für die Unterstützung Not leidender Menschen in Afrika.

⇨ **3 Felder vorwärts!**

Tipp: Diese Vorlagen lassen sich per Fotokopierer auf härteren Untergrund übertragen, laminieren und einzeln ausschneiden.

Blankovorlagen

Tipp: Diese Vorlagen lassen sich per Fotokopierer auf härteren Untergrund übertragen, laminieren und einzeln ausschneiden.

Wie ... bist du? – ein Einschätzungsspiel

• Spielerzahl: • 2-6 Spieler

• Spielmaterialien: • 18 Fragekarten (siehe Vorlagen S. 83), 1 Schreibstift und Blankopapier bzw. Kreide und Wandtafel (zum Notieren der Minuspunkte der einzelnen Spieler), je Spieler: 11 Bewertungskarten (siehe Vorlagen S. 84)

Spielregeln:

In Spiel geht es um Charaktereigenschaften der Spieler, die eingeschätzt werden sollen. Jeder Spieler verfügt über 11 Bewertungskarten, mit denen die Charaktereigenschaften beurteilt werden. Auf jeder Karte ist jeweils eine Zahl notiert (11 = höchster Wert, 10 = zweithöchster Wert, 9 = dritthöchster Wert, ... 0 = geringster Wert).
Vor Spielbeginn werden die 12 Fragekarten gründlich gemischt und anschließend mit der Vorderseite nach unten als Stapel abgelegt.
Im Verlauf des Spiels wird abwechselnd jeweils ein Spieler zu einer auf der soeben aufgedeckten Fragekarte notierten Frage (z.B. „Wie zuverlässig bist du?") beurteilt. Zum einen beurteilt der Spieler, der dran ist, sich selbst, zum anderen wird er von den übrigen Spielern bewertet. Alle Spieler sollten eine möglichst realitätsnahe Einschätzung abgeben. Zunächst legt jeder Spieler eine Bewertungskarte mit der Vorderseite nach unten auf dem Tisch ab. Danach decken alle Spieler gleichzeitig ihre zuvor abgelegte Bewertungskarte auf.
Je nachdem, um wie viele Bewertungspunkte die eigene Einschätzung des bewerteten Spielers von der Einschätzung durch die anderen Spieler abweicht, werden dem bewerteten Spieler Minuspunkte angerechnet.

Spielbeispiel (mit 5 Spielern): Frage: *„Wie zuverlässig bist du?"*

Selbsteinschätzung des Spielers A: 7 Bewertungspunkte

Fremdeinschätzung des Spielers A durch den ...

- Spieler B: 6 Bewertungspunkte (Abweichung 1 Punkt)
- Spieler C: 5 Bewertungspunkte (Abweichung 2 Punkte)
- Spieler D: 7 Bewertungspunkte (keine Abweichung)
- Spieler E: 8 Bewertungspunkte (Abweichung 1 Punkt)

Somit werden dem Spieler A insgesamt 4 Minuspunkte angerechnet.

Spielsieg: Wer schließlich die wenigsten Minuspunkte hat, gewinnt das Spiel.

Spielvariation : Weitere bzw. andere Fragekarten werden in das Spiel aufgenommen. Die Fragen lassen sich auf den Blanko-Vorlagen (siehe Seite 83) aufschreiben.

Fragekarten

Wie ehrlich bist du?	Wie fleißig bist du?	Wie hilfsbereit bist du?	Wie mutig bist du?
Wie pünktlich bist du?	Wie belastbar bist du?	Wie tolerant bist du?	Wie gelassen bist du?
Wie sorgfältig bist du?	Wie verantwortungsbewusst bist du?	Wie freundlich bist du?	Wie neugierig bist du?
Wie selbstständig bist du?	Wie selbstbewusst bist du?	Wie zuverlässig bist du?	Wie kontaktfreudig bist du?
Wie teamfähig bist du?	Wie fürsorglich bist du?		

Tipp: Diese Vorlagen lassen sich per Fotokopierer auf härteren Untergrund übertragen, laminieren und einzeln ausschneiden.

KOHL VERLAG RELIGION UND ETHIK Grundwissen kurz, knapp und klar! – Bestell-Nr. 19 041

Wie ... bist du? **0**

Wie ... bist du? **1**

Wie ... bist du? **2**

Wie ... bist du? **3**

Wie ... bist du? **4**

Wie ... bist du? **5**

Wie ... bist du? **6**

Wie ... bist du? **7**

Wie ... bist du? **8**

Wie ... bist du? **9**

Wie ... bist du? **10**

Wie ... bist du? **11**

Tipp: Diese Vorlagen lassen sich per Fotokopierer auf härteren Untergrund übertragen, laminieren und einzeln ausschneiden.

Vorbilder, Stars und Idole

Öfter ist (sinngemäß) von Erwachsenen zu hören und zu lesen: „Der Mensch braucht Vorbilder, vor allem Kinder und Jugendliche benötigen sie. Es fehlt an echten Vorbildern in der heutigen Zeit. Statt dessen gibt es Stars und Idole, die angehimmelt und vergöttert werden."

(star [englisch] = Stern, berühmter Mensch; eidolon [griechisch] = Götzenbild, Abgott)

EA

Aufgabe 1: **a)** *Erkläre, was für dich echte Vorbilder sind!*

b) *Sind Vorbilder für Menschen wichtig? Begründe deine Antwort!*

c) *Welche sind deine Vorbilder, Stars oder Idole? Warum sind sie das?*

d) *Warum kann es auch negative Folgen haben, wenn Kinder oder Jugendliche ihre Stars und Idole zu sehr anhimmeln?*

e) *Brauchen auch Erwachsene Vorbilder?*

f) *Wieso ist es wichtig, als Elternteil, Lehrer oder Erzieher ein „gutes" Vorbild abzugeben? Schreibe auf die Blattrückseite!*

KOHL VERLAG RELIGION UND ETHIK Grundwissen kurz, knapp und klar! – Bestell-Nr. 19 041

Charakterliste meines Stars, Idols oder Vorbilds

Welche Merkmale (Eigenschaften) hat dein Star, Idol bzw. Vorbild oder sollte diese Person haben? Kreuze in jeder Zeile an, was auf die jeweilige Person zutrifft bzw. zutreffen sollte *(1 = sehr; 2 = überwiegend; 3 = mittelmäßig; 4 = überwiegend; 5 = sehr)*

		1	2	3	4	5	
1.	männlich	☐				☐	weiblich
2.	jung						alt
3.	groß						klein
4.	dünn						dick
5.	helle Haare						dunkle Haare
6.	lange Haare						kurze Haare
7.	helle Haut						dunkle Haut
8.	schön						hässlich
9.	sportlich						unsportlich
10.	klug						dumm
11.	kontaktfreudig						kontaktarm
12.	vergnügt						ernst
13.	freundlich						mürrisch
14.	höflich						unanständig
15.	ehrlich						verlogen
16.	hilfsbereit						eigensinnig
17.	rücksichtsvoll						gleichgültig
18.	verantwortungsbewußt						verantwortungslos
19.	selbstsicher						schüchtern
20.	bescheiden						angeberisch
21.	empfindsam						gefühllos
22.	ordentlich						chaotisch
23.	fleißig						faul
24.	mutig						feige
25.	großzügig						geizig

KOHL VERLAG RELIGION UND ETHIK
Grundwissen kurz, knapp und klar! – Bestell-Nr. 19 041

Du bist ein Star

EA

Aufgabe 2: *Jetzt ist Träumen erwünscht. Angenommen, du bist ein berühmter Star ...*

a) *Welcher Star (Sänger, Schauspieler, Fußballspieler ...) bist du? Wie lautet dein Künstlername?*

___

Zeichne ein Bild von dir!

b) *Wie kleidest und frisierst du dich?*

___

___

c) *Wo und wie wohnst du?*

___

___

d) *Wie sind deine familiären Verhältnisse? Bist du verheiratet oder lebst du allein?*

___

e) *Auf welche Weise verbringst du deine Freizeit?*

___

___

f) *Wie viel Geld verdienst du etwa im Monat? Was machst du mit dem verdienten Geld?*

___

___

g) *Welche Geldsummen verlangst du für Autogrammstunden, Zeitungsinterviews und Fernsehauftritte?*

___

KOHL VERLAG RELIGION UND ETHIK Grundwissen kurz, knapp und klar! – Bestell-Nr. 19 041

Vorbilder?

Die bekannte Sängerin Mary Loyds (dreimalige Gewinnerin der MTV-Awards) wurde vorgestern in eine Entzugsklinik in der Nähe von Denver eingeliefert. Nach mehreren Alkohol- und Drogenexzessen macht ihr das Gericht in Denver die Auflagen einer Entziehungskur in einer Drogen- und Alkoholklinik. Hätte sich Mary nicht dazu bereit erklärt, wären 10 Monate Haft fällig geworden. Mehrere Paparazzi und Fans belagern nun die Klinik in der Hoffnung, einen Blick auf ihren Star werfen zu können. Wann Mary entlassen wird, ist noch nicht klar.

EA

Aufgabe 3: **a)** *Lies die Zeitungsmeldung über Katjas Lieblingsstar durch!*

b) *Ist Katjas Lieblingsstar deiner Meinung nach ein gutes Vorbild?*

____

____

c) *Warum werden Stars und Sternchen wie die beschriebene Mary Loyds von vielen Jugendlichen so angehimmelt?*

____

____

____

____

d) *Was sagst du zu Katjas folgender Meinung über Mary Loyds?*

„Die arme Mary, jetzt haben diese bösen Richter sie auch noch in eine Drogenklinik geschickt. Die blicken doch gar nicht, wie wichtig es für einen Star wie Mary ist, immer „up-to-date" zu sein. Außerdem muss sie doch ihre Konzerte geben. Das ist ganz schön anstrengend, da sind so ein paar Joints doch nur normal!"

____

____

____

____

KOHL VERLAG RELIGION UND ETHIK Grundwissen kurz, knapp und klar! – Bestell-Nr. 19 041

Mein Star, Idol & Vorbild – ein Ratespiel

- **Spielvorbereitung:** Jeder Schüler erstellt einen kurzen Steckbrief (siehe Vorlage unten) zu seinem Star, Idol bzw. Vorbild. In dem Steckbrief werden 5 Hinweise zu seiner ausgewählten Person aufgeschrieben. Ganz zum Schluss wird der Name der Person notiert. Diese Spalte wird umgeknickt, sodass niemand „spicken" kann.

- **Spielablauf:** Die Mitspieler sind abwechselnd an der Reihe. Der jeweilige Spieler gibt zu seinem ausgewählten Star, Idol bzw. Vorbild den ersten Hinweis. Die übrigen Mitspieler erraten laut, um wen es sich handelt. Ist nach 10 Sekunden (beliebig änderbar) der Name des Stars nicht genannt worden, folgt der nächste Hinweis. Die Raterunde startet erneut usw.. Wird die gesuchte Person nicht erraten, muss der entsprechende Mitspieler sagen, wer es war. Nun kommt der nächste Spieler mit seiner gesuchten Person an die Reihe usw., bis alle Personen erraten wurden.
Der Mitspieler, der die meisten Punkte erreicht hat, gewinnt das Spiel.

- **Punktewertung:** Erraten des Stars, Idols, Vorbilds nach dem 1. Hinweis: 5 Punkte
Erraten des Stars, Idols, Vorbilds nach dem 2, Hinweis: 4 Punkte
Erraten des Stars, Idols, Vorbilds nach dem 3. Hinweis: 3 Punkte
Erraten des Stars, Idols, Vorbilds nach dem 4. Hinweis: 2 Punkte
Erraten des Stars, Idols, Vorbilds nach dem 5. Hinweis: 1 Punkt

- **Spielvariation:** In der Raterunde darf nicht laut geraten werden. Jeder schreibt seinen Tipp geheim auf einen Zettel, der auf Signal umgedreht wird.

Für die Mitspieler kopieren!

Steckbrief

1. Hinweis:
2. Hinweis:
3. Hinweis:
4. Hinweis:
5. Hinweis:

Bitte hier nach oben knicken!

Name des Stars/Idols/Vorbilds:

KOHL VERLAG RELIGION UND ETHIK Grundwissen kurz, knapp und klar! – Bestell-Nr. 19 041

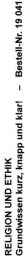

9 Vorurteile

EA

Aufgabe 1: *Setze die folgenden Begriffe in die Lücken ein!*

Atomkerne - Deutschen - Eigenschaften - Feindbilder - Gesellschaftsschichten - Menschen - Meinung - Verantwortung - Wahrnehmungstäuschungen - Zusammenleben - Ort

a) Der Umgang der Menschen miteinander und das ____________________ werden durch Vorurteile (sehr) erschwert.

b) Ein Vorurteil ist eine vorgefasste ______________________ über einen, mehrere oder zahlreiche Menschen ohne Überprüfung der Wirklichkeit. Die Vorsilbe „Vor..." bedeutet, dass das Urteil im Voraus (= vorweg) gefällt wird.

c) Mit wenig Wissen wird gewöhnlich schlecht über andere ______________ gedacht und gesprochen.

d) Die Menschen neigen dazu, der Gruppierung, der sie selbst angehören,

gute ______________________ zuzuschreiben, anderen schlechte Eigenschaften.

e) Es gibt unter den Menschen eine große Menge Vorurteile, z.B. „Ausländer

nehmen Deutschen die Arbeitsplätze weg!" oder „Die ________________ sind Nazis!"

f) Vorurteile kommen in allen ________________________ und Gruppen vor.

g) Der Wissenschaftler Alexander Mitcherlich bezeichnete Vorurteile als „stabil

gewordene ____________________________ ."

h) Der Physiker Albert Einstein meinte: „Vorurteile sind schwerer zu spalten

als _________________________ ."

i) Mit Vorurteilen kann man vom eigenen Verhalten ablenken, Probleme

verlagern, _________________________ wegschieben und sich selbst aufwerten.

j) Vorurteile sind gefährlich. Sie können Hass bewirken, _________________ aufbauen und zu gewalttätigen Auseinandersetzungen führen. Ein Beispiel: Man kann sagen: Rechtsextremisten handeln nach dem Grundsatz „Hasst du was, bist du was".

KOHL VERLAG
RELIGION UND ETHIK
Grundwissen kurz, knapp und klar! – Bestell-Nr. 19 041

Was sind Vorurteile?

EA

Aufgabe 2: *Welche der folgenden 10 Sätze enthalten jeweils ein eindeutiges Vorurteil? Kreuze sie an!*

- **a)** ☐ „Viele Franzosen mögen gern Wein trinken."
- **b)** ☐ „Die Schotten sind geizig."
- **c)** ☐ „Die Deutschen gelten als tüchtig."
- **d)** ☐ „Blondinen sind dumm."
- **e)** ☐ „Männer können nicht kochen."
- **f)** ☐ „Elf Freunde müsst ihr sein."
- **g)** ☐ „Alte Leute brauchen besondere Rücksicht."
- **h)** ☐ „Frauen können nicht ordentlich Auto fahren."
- **i)** ☐ „Jugendliche benehmen sich nicht vernünftig."
- **j)** ☐ „Seine Nachbarn kann man sich meistens nicht selbst aussuchen."

EA

Aufgabe 3: **a)** *Notiere drei weitere Vorurteile, die geäußert werden!*

- ______________________________
- ______________________________
- ______________________________

b) *Suche dir eines der drei Zitate aus und erkläre es mit deinen eigenen Worten!*

____

____

____

c) *Was kann man deiner Meinung nach gegen Vorurteile tun?*

____

____

KOHL VERLAG RELIGION UND ETHIK Grundwissen kurz, knapp und klar! – Bestell-Nr. 19 041

9 Vorurteile

EA

Aufgabe 4: **a)** *Was ist der Unterschied zwischen einem Vorurteil und einem Urteil? Erkläre!*

____

____

____

b) *Wo kommen Vorurteile in der Gesellschaft vor? Über wen gibt es (sehr) viele Vorurteile? Nenne zwei Beispiele!*

- ______________________________

  ____

- ______________________________

  ____

c) *Aus welchen Gründen haben Menschen Vorurteile?*

____

____

____

d) *Warum sind Vorurteile gefährlich? Nenne ein Beispiel!*

____

____

____

EA

Aufgabe 5: *Vorurteile halten sich hartnäckig und sind sehr schwer zu überwinden. Stell dir vor, du möchtest einen Freund von seinem Vorurteil „Frauen verstehen nichts von Technik“ abbringen. Wie argumentierst du?*

____

____

____

KOHL VERLAG
RELIGION UND ETHIK
Grundwissen kurz, knapp und klar! – Bestell-Nr. 19 041

Vorurteile zwischen Deutschen und Ausländern

Sie leben in denselben Städten und Dörfern, manche in derselben Straße, einige sogar im selben Mehrfamilienhaus – gemeint sind Deutsche und Ausländer. Etliche haben ihre Vorurteile: Deutsche gegenüber Ausländern, Ausländer gegenüber Deutschen.

EA

Aufgabe 6: **a)** *Welche negativen Vorstellungen haben Deutsche von Ausländern? Notiere mindestens drei konkrete Vorurteile gegenüber Ausländern!*

- ______________________
- ______________________
- ______________________

b) *Welche negativen Vorstellungen haben Ausländer von Deutschen? Notiere mindestens 3 konkrete Vorurteile gegenüber Deutschen!*

- ______________________
  ____
- ______________________
- ______________________

c) *Worauf sind deiner Meinung nach die zwischen Deutschen und Ausländern bestehenden Vorurteile zurückzuführen?*

____

____

____

d) *Denke in Ruhe darüber nach, ob du auch schon einmal Vorurteile in dieser Richtung hattest! Schreibe sie hier auf!*

____

____

KOHL VERLAG RELIGION UND ETHIK Grundwissen kurz, knapp und klar! – Bestell-Nr. 19 041

9 Vorurteile

PA

<u>Aufgabe 7</u>: **a)** *Die zwischen Deutschen und Ausländern bestehenden Vorurteile sind mit großen Gefahren verbunden. Welche Auswirkungen (= Folgen) haben diese Vorurteile oder können sie haben?*

b) *Wie lassen sich Vorurteile zwischen Deutschen und Ausländern abbauen? Nennt kurz zwei Beispiele!*

c) *Wie profitieren Einheimische und Ausländer in einem Land voneinander? Findet Beispiele!*

KOHL VERLAG
RELIGION UND ETHIK
Grundwissen kurz, knapp und klar! – Bestell-Nr. 19 041

10 Ehre

EA

Aufgabe 1: *Setze die folgenden Begriffe in die Lücken ein!*

Anerkennung - Ansehen - Ehrenurkunde - Grundgesetz - Personen - Rache - Selbstachtung - Stolz - Versprechen - Wort

a) Das ____________________ Ehre kommt im deutschen Sprachgebrauch öfter vor.

b) Mit dem Begriff Ehre ist einerseits die innere ____________________ gemeint, die man vor sich selbst hat (= Würde, Anstand, Stolz ...).

c) Andererseits wird unter der Ehre auch die Hochachtung verstanden, die man anderen ____________________ entgegenbringt (= Anerkennung, Wertschätzung, Respekt ...).

d) Der Ausspruch „Es geht um die Ehre" bedeutet, dass das ____________________ einer oder mehrerer Personen auf dem Spiel steht.

e) Die Redensart „Es ist mir eine Ehre" beinhaltet: Ich empfinde vor allem ____________________ .

f) „Das ehrt ihn" heißt: Das Verhalten des betreffenden Menschen verdient eine besondere ____________________ . „Keine Ehre im Leib zu haben" meint: Keine Achtung vor sich und/oder anderen Leuten zu haben.

g) Es gibt zusammengesetzte Hauptwörter, in denen das Wort Ehre enthalten ist. Beispiele sind ____________________, Ehrenamt, Ehrenbürger, Ehrentitel, Ehrensache, ...

h) Wenn jemand sein Ehrenwort gibt, so ist dies sozusagen ein geschworenes ____________________ .

i) Durch den Satz „Die Würde des Menschen ist unantastbar" wird die Ehre des Menschen im ____________________ der BRD garantiert. Sie ist strafrechtlich geschützt. Mit anderen Worten: Falls ein Mensch die Ehre eines anderen z.B. durch Beleidigung verletzt, kann er dafür gesetzlich bestraft werden.

j) Die Kränkung der Ehre kann Menschen zur ____________________ treiben, ja sogar zum Mord („Ehrenmord") veranlassen.

10 Ehre

EA

Aufgabe 2: **a)** *Gestalte mithilfe des Textes ein Cluster! Schreibe auch auf, was dir zusätzlich einfällt!*

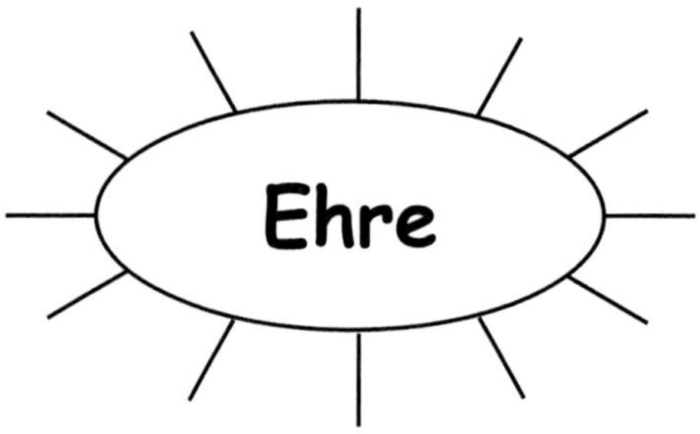

b) *Finde möglichst viele zusammengesetzte Adjektive, die den Begriff „Ehre“ enthalten!*

c) *Fallen dir auch Redewendungen rund um den Begriff „Ehre“ ein?*

- ____

  ____

- ____

  ____

10 Ehre

Aufgabe 3: *Was ist gemeint? Beratet und beschreibt gemeinsam!*

a) „das Ehrenwort geben" = ____________________

____

b) „ein Ehrenamt ausüben" = ____________________

____

c) „jemanden bei seiner Ehre packen" = ____________________

____

d) „das ist aller Ehren wert" = ____________________

____

e) „etwas in Ehren halten" = ____________________

____

f) „etwas zu Ehren bringen" = ____________________

____

g) „mit allen Ehren bestehen" = ____________________

____

h) „jemandem die Ehre abschneiden" = ____________________

____

i) „keine Ehre im Leib haben" = ____________________

____

j) „jemandem die letzte Ehre erweisen" = ____________________

____

KOHL VERLAG RELIGION UND ETHIK Grundwissen kurz, knapp und klar! – Bestell-Nr. 19 041

Ehrenmord – was ist denn das?

Ehrenmorde gab es bereits im alten Rom. Der Familienälteste hatte das Recht, unverheiratete Töchter, die bereits vor der Ehe gesündigt hatten (also bereits mit einem Mann geschlafen hatten), umzubringen. Das gleiche Recht hatte er, wenn eine Frau in der Ehe fremdging.
Es handelte sich also um einen Mord, durch den die Ehre der betroffenen Familie oder Gesellschaftsgruppe wieder hergestellt werden sollte.
Wer nun glaubt, dass diese Zeiten vorbei sind, täuscht sich leider. Die Menschenrechtskommission der UNO nimmt an, dass weltweit jährlich etwa 5.000 Frauen und Mädchen Opfer von Ehrenmorden sind. Allerdings landet nicht jeder Ehrenmord vor Gericht – aus diesem Grund dürfte die Dunkelziffer wohl wesentlich höher liegen.
Auch bei uns in Deutschland kommt es zu solchen Bluttaten. 2008 – das Mädchen war gerade 16 Jahre alt und lebte in Hamburg. Sie schien das Leben in Deutschland zu genießen und lehnte die Konventionen ihrer Familie ab. Dies wurde der jungen Deutsch-Afghanin zum Verhängnis. Ihr Bruder stach nachts auf offener Straße 20-mal zu. Dies war das Ende eines familiären Kulturkampfes.
Berlin – eine ähnliche Geschichte ereignet sich im Jahre 2005. Eine junge Türkin wird auf offener Straße erschossen, drei Kugeln treffen ihren Kopf. Das Mädchen ist sofort tot. Ihre drei Brüder hatten sie schon länger bedroht und die junge Mutter schließlich ermordet. Warum? Sie lebte in Deutschland, sie lebte wie eine Deutsche. Sie ließ sich scheiden, war lebenslustig und sie trug kein Kopftuch – nur deshalb!
Ehrenmorde sind grausam. Die Täter erstechen, erschießen, ertränken, überfahren oder verbrennen ihre Opfer. Der Hintergrund: Die Ehre einer ganzen Familie abhängig von der Jungfräulichkeit der Mädchen bzw. von der Keuschheit der verheirateten Frauen und vom Gehorsam gegenüber ihren Familien und Männern.
In der Türkei stehen Ehrenmorde unter Strafe. Trotzdem werden die Gefängnisstrafen in Kauf genommen – Hauptsache, die Ehre der Familie ist wiederhergestellt!

EA

Aufgabe 4: **a)** *Warum kommt es zu Ehrenmorden? Zähle die Gründe auf!*

____

____

____

____

b) *Warum ist die Ehre der Familie für die Täter so wichtig?*

____

____

KOHL VERLAG RELIGION UND ETHIK Grundwissen kurz, knapp und klar! – Bestell-Nr. 19 041

EA

Aufgabe 5: **a)** *Was ist deine Meinung zu Ehrenmorden? Schreibe ausführlich!*

b) *Informiere dich im Internet über die im Infotext genannten Fälle von Ehrenmorden in Hamburg und Berlin!*

EA

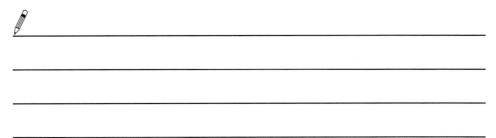

Aufgabe 6: *Informiere dich darüber, wie sich Frauen vor Ehrenmorden schützen können und welche Möglichkeiten der Hilfe bieten sich ihnen?*

EA

Aufgabe 7: *Wann fühlst du dich in deiner Ehre verletzt?*

EA

Aufgabe 8: *Wie reagierst du, wenn du dich in deiner Ehre verletzt fühlst?*

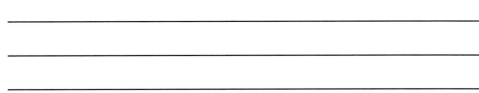

KOHL VERLAG RELIGION UND ETHIK Grundwissen kurz, knapp und klar! – Bestell-Nr. 19 041

11 Sucht

EA

Aufgabe 1: *Setze die folgenden Begriffe in die Lücken ein!*

Abhängigkeit - Alkoholiker - Drogen - Drogentoten - Haschisch - Substantiv/Nomen - Kaffee - Sehnsucht - Workaholic - Verlangen

a) Unter einer Sucht wird im Allgemeinen ein übermäßiges, krankhaftes ________________ (z.B. Trunksucht) bzw. ein überzogenes Streben (z.B. Geltungssucht) verstanden.

b) Der Begriff „Sucht" ist das ____________________________ zum Verb „siechen", das in der heutigen Zeit selten benutzt wird. Siechen bedeutet lange krank sein.

c) Anstelle von Sucht wird heutzutage auch die Bezeichnung ________________ gebraucht. Damit ist besonders die Bindung an Rauschgifte gemeint.

d) Eine Person, die süchtig nach Arbeit ist und ständig tätig ist, wird als

_________________________ bezeichnet.
(work [englisch] = Arbeit, alcoholic [englisch] = Alkoholiker)

e) Ein __________________________ ist ein gewohnheitsmäßiger Trinker.

f) Es gibt erlaubte (= legale) und unerlaubte (= illegale) ___________________ , die von Süchtigen genommen werden.

g) Statt von Drogen wird auch von Rauschmitteln gesprochen. Erlaubte Drogen

sind ____________________________, Tee, Tabak, Alkohol, Medikamente ...

h) Zu den verbotenen Rauschmitteln gehören ____________________________ , Marihuana, Heroin, Kokain, Ecstasy, ...

i) Das wiederholte Einnehmen von Rauschmitteln macht abhängig (= süchtig), qualvoll krank und kann zum Tod führen. Dies zeigt die große Zahl der

Drogenabhängigen und _______________________________.

j) Manche Wissenschaftler und andere Personen vertreten die Auffassung:

„Hinter jeder Sucht verbirgt sich eine _______________________________."

KOHL VERLAG RELIGION UND ETHIK Grundwissen kurz, knapp und klar! – Bestell-Nr. 19 041

EA

Aufgabe 2: *Was sind legale Drogen?*
Was sind illegale Drogen?

- legale Drogen: ____________________

____

- illegale Drogen: ____________________

____

____

EA

Aufgabe 3: *Beschreibe kurz, was das Schaubild aussagt!*

Der Kreislauf der Drogenabhängigkeit

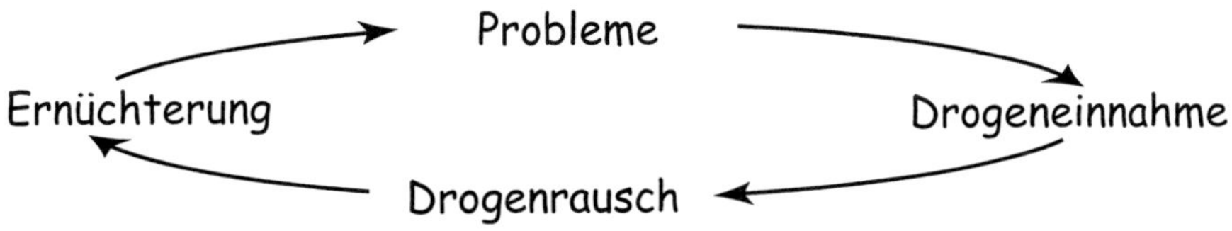

____

____

____

____

EA

Aufgabe 4: *Doping – was ist damit gemeint? Was hat das Thema mit Drogen zu tun?*

____

____

____

EA

Aufgabe 5: *Überlege dir einen Aufkleber und ein Plakat, auf denen vor Drogen gewarnt wird!*

KOHL VERLAG
RELIGION UND ETHIK
Grundwissen kurz, knapp und klar! – Bestell-Nr. 19 041

Ursachen und Auslöser für Sucht

Für die Entstehung und Entwicklung von Sucht gibt es mehrere Ursachen und Auslöser, die zusammenwirken. In der folgenden Collage werden 10 wesentliche Ursachen und Auslöser angesprochen.

EA

Aufgabe 6: *Ergänze die fehlenden Vokale (= Selbstlaute)! Wie lauten die Begriffe vollständig?*

L_ng_w_ _l_ Gr_pp_nzw_ng W_rb_ng K_nfl_kt_

N_ _g_ _rd_ V_rzw_ _fl_ng G_lt_ngsb_d_rfn_s

„C_ _ln_ss" g_r_ng_s S_lbstw_rtg_f_hl N_rv_s_t_t

EA

Aufgabe 7: **a)** *Wie bewertest du die 10 angesprochenen Faktoren?*

b) *Welche weiteren Ursachen und Auslöser lassen sich deiner Meinung nach für die Entstehung und Entwicklung von Sucht anführen?*

EA

Aufgabe 8: *Viele Jugendliche probieren aus Neugierde Drogen. Oft sind diese wenigen Male schon der Schritt in die Abhängigkeit. Wie würdest du einen Freund versuchen davon zu überzeugen, dass auch „nur probieren" schon zur Abhängigkeit führen kann? Schreibe ins Heft!*

Meinungen zum Thema Sucht

EA

Aufgabe 9: **a)** *Was hältst du von diesen 10 Aussagen? Setze ein Pluszeichen (+) bei den Aussagen, denen du zustimmst und ein Minuszeichen (-) bei den Aussagen, die deines Erachtens nicht richtig sind!*

+	-	Aussage
		„Alkohol und Zigaretten gehören zum Leben dazu, sind nichts Schlimmes."
		„Leichte Drogen sollten erlaubt sein, nicht jedoch harte Drogen."
		„Das Leben in der heutigen Zeit macht süchtig."
		„Mitleid haben Drogenabhängige nicht verdient."
		„Wer süchtig ist, ist krank und braucht Hilfe."
		„Süchtige sind willens- und leistungsschwach."
		„Dealer und Drogenabhängige müssen hart bestraft werden."
		„Kinder und Jugendliche wissen zu wenig über die Gefahren der Sucht."
		„Noch mehr Beratungsstellen für Suchtgefährdete sind erforderlich."
		„Süchtige haben selbst Schuld, dass sie so sind."

b) *Viele Süchte werden heute auch als Krankheit angesehen (z.B. die Alkoholabhängigkeit). Was meinst du? Ist das eine Krankheit?*

____

____

____

c) *Wie süchtig bist du? Schätze dich selbst ein und kreuze an, was deiner Meinung nach auf dich selbst zutrifft!*

	5	4	3	2	1	0
Nikotinsucht						
Alkoholsucht						
Rauschmittelsucht						
Mediensucht						
Magersucht						
Esssucht						
Kaufsucht						
Spielsucht						
Eifersucht						
Arbeitssucht						

5 = sehr stark
4 = stark
3 = mittelmäßig
2 = gering
1 = sehr gering
0 = überhaupt nicht

KOHL VERLAG – RELIGION UND ETHIK Grundwissen kurz, knapp und klar! – Bestell-Nr. 19 041

12 Leben und Tod liegen dicht beisammen

Alles über das Leben

Es gibt zahlreiche zusammengesetzte Substantive/Nomen, die mit „Lebens...“ beginnen.

EA

Aufgabe 1: *Finde die folgenden angesprochenen zusammengesetzten Substantive/Nomen heraus! Bei den 10 Begriffen sind die Vokale (= Selbstlaute) weggelassen worden. Wie heißen die Wörter? Was ist damit jeweils gemeint?*

L_b_ns_ngst = ______________________________

L_b_nsb_r_t_ng = ______________________________

L_b_ns_rw_rt_ng = ______________________________

L_b_nsf_rm = ______________________________

L_b_nsfr_ _de = ______________________________

L_b_nsg_m_ _nsch_ft = ______________________________

L_b_nsh_lt_ngsk_st_n = ______________________________

L_b_nsk_nstl_r = ______________________________

L_b_nsm_tt_ = ______________________________

L_b_nssch_cks_l = ______________________________

EA

Aufgabe 2: *Schreibe acht weitere zusammengesetzte Substantive/Nomen auf, die mit „Leben...“ anfangen. Erkläre kurz, was die Wörter bedeuten!*

Lebens ______________ = ______________________________

Lebens ______________ = ______________________________

Lebens ______________ = ______________________________

Lebens ______________ = ______________________________

Lebens ______________ = ______________________________

Lebens ______________ = ______________________________

Lebens ______________ = ______________________________

Lebens ______________ = ______________________________

KOHL VERLAG RELIGION UND ETHIK Grundwissen kurz, knapp und klar! – Bestell-Nr. 19 041

12 Leben und Tod liegen dicht beisammen

EA

Aufgabe 3: *Notiere fünf Adjektive beginnend mit „lebens...“!*

lebens ______________________________

lebens ______________________________

lebens ______________________________

lebens ______________________________

lebens ______________________________

EA

Aufgabe 4: *Was bedeutet es für dich, ein erfülltes Leben zu haben? Begründe deine Entscheidung!*

____

____

____

____

____

EA

Aufgabe 5: *Was fällt dir zu der Aussage „Jedes Leben ist schützenswert“ ein?*

____

____

____

Spielvorschlag: „Wie heißt der Begriff?“ (Quiz)

Der neutrale Spielleiter oder abwechselnd ein Spieler umschreibt jeweils mit anderen Worten einen zusammengesetzten Begriff, der mit „Lebens...“ beginnt. Die Spieler müssen den jeweiligen Begriff erraten. Wer den Begriff zuerst nennt, erhält einen Punkt. Spielsieger wird, wer schließlich die meisten Punkte aufweist.

KOHL VERLAG
RELIGION UND ETHIK
Grundwissen kurz, knapp und klar! – Bestell-Nr. 19 041

Mein Lebensbarometer

Ein Barometer ist eigentlich ein Luftdruckmesser, anhand dessen sich u.a. die Wetterlage ermitteln lässt. Unser erfundenes Lebensbarometer soll das Befinden von Menschen im Leben (= Lebensgefühl) aufzeigen. Auf diesem Lebensbarometer reicht die Skala von -100 (= sehr schlechtes Befinden) bis +100 (= sehr gutes Befinden). (baros [griechisch] = schwer; metron [griechisch] = Maß)

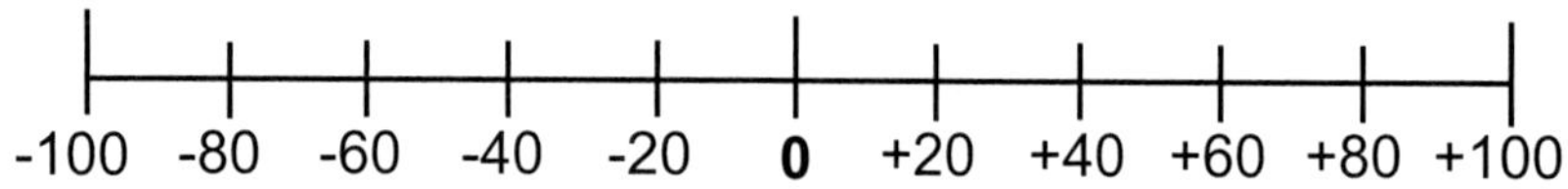

EA

Aufgabe 6: *Trage in das vorgezeichnete Lebensbarometer ein:*

a) *In welchem Bereich bewegt sich eigentlich dein Lebensgefühl?*

b) *Wie ist jetzt dein Befinden?*

EA

Aufgabe 7: **a)** *Notiere jetzt Situationen, wenn es dir gut geht!*

Mir geht es gut, wenn ... ____________________

____

____

____

b) *Notiere Situationen, wann es dir schlecht geht!*

Mir geht es schlecht, wenn ... ____________________

____

____

____

c) *Was tust du, wenn es dir schlecht geht? Wie kannst du dein Lebensgefühl verbessern?*

____

____

Die Seele

EA

Aufgabe 8: *Setze die folgenden Begriffe in die Lücken ein!*

Allerseelen - Blut - Geist - Körper - Lebewesen - Psyche - Redensart - Seele - Tod

a) Die Seele ist der Teil des Menschen, der nicht aus Knochen, Fleisch, ____________________ ... besteht.

b) Beim Menschen wird zwischen dem ________________________ und der Seele unterschieden.

c) Manchmal wird die Seele auch als ________________________ bezeichnet. Die Seele umfasst das Fühlen, Denken und Wollen des Menschen.

d) Das Fremdwort für Seele ist ________________________ (psyche [griechisch] = Lebenskraft, Seele).

e) Menschen stellen sich vor: Die ______________________ kann den Körper verlassen und frei davon existieren.

f) Gläubige Menschen halten die Seele sogar für unsterblich. Sie nehmen an:

Nach dem _______________ eines Menschen verschwindet die Seele aus dem Körper.

g) Manche Menschen sind davon überzeugt: Nach dem Tod des Menschen

geht die Seele in ein anderes _______________________ (Mensch, Tier oder Pflanze) über. Diesen angenommenen Vorgang nennt man Seelenwanderung. Buddhisten z.B. glauben an die Wiedergeburt.

h) Die __________________________ „eine gute Seele sein" bedeutet, ein guter Mensch sein, mit dem Ausdruck „eine schwarze Seele haben" ist gemeint, ein schlechter Mensch zu sein.

i) Zum Gedächtnis an die Verstorbenen gibt es bei dem Katholiken den

Gedenktag _________________________________. Dies ist in jedem Jahr der 2. November.

12 Leben und Tod liegen dicht beisammen

EA

Aufgabe 9: **a)** *Was meinst du, gibt es eine Seele?*

____

____

____

b) *Was versteht man unter Seelenverwandtschaft?*

____

____

____

c) *Was versteht man unter dem folgenden Sprichwort?*

„Essen und Trinken hält Leib und Seele zusammen."

____

____

____

____

KOHL VERLAG RELIGION UND ETHIK Grundwissen kurz, knapp und klar! – Bestell-Nr. 19 041

Der Tod

EA

Aufgabe 10: *Setze die folgenden Begriffe in die Lücken ein!*

Allah - Altersschwäche - Asche - Erlösung - Herz - Hirntod - Hölle - Leben - Leichenstarre - Trauer

a) Alles hat ein Ende, auch das ____________. Jeder Mensch stirbt irgendwann.

b) Der Tod bedeutet medizinisch, d.h. aus ärztlicher Sicht: Das ____________ , der Kreislauf und die Atmung des jeweiligen Menschen stehen still. (= klinischer Tod), klinike (techne) [griechisch] = Heilkunde)

c) Vom ______________________ wird gesprochen, wenn das Gehirn nach dem endgültigen Absterben von Gehirnzellen keinen Sauerstoff mehr erhält.

d) Nach dem Tod erkaltet der Körper, es kommt zur ____________________ . Das Blut gerinnt, die Muskulatur erstarrt. Durch den Blutstau entstehen Leichenflecken.

e) Man kann natürlich durch Krankheit oder ______________________ bzw. gewaltsam (z.B. durch Mord, Hinrichtung) sterben.

f) Tote Menschen werden meistens in einem Sarg begraben (= Beerdigung, Bestattung). Manche Tote werden verbrannt. Anschließend wird die

___________ in einer Urne auf einem Friedhof beigesetzt oder verstreut (z.B. auf dem Meer).

g) Der Tod eines Menschen wird gewöhnlich von den Verwandten, Bekannten

und anderen Personen schmerzlich empfunden, es herrscht ____________ .

h) Musste der Mensch lange leiden, bevor er starb, so sagt man manchmal,

dass der Tod eine _____________________________ für den Toten war.

i) Es gibt Christen, die glauben: Nach dem Tod eines Menschen steigt seine Seele hoch zu Gott. Dieser urteilt darüber, ob sie in den Himmel oder in die

_______________________ kommt.

j) Anhänger des Islams gehen davon aus, dass der Mensch nach seinem

Tod wieder zum Leben erweckt wird. ______________________ hält über die Menschen Gericht. Wer während des irdischen Lebens nach dem Willen Allahs gelebt hat, darf ins Paradies.

KOHL VERLAG RELIGION UND ETHIK Grundwissen kurz, knapp und klar! – Bestell-Nr. 19 041

12 Leben und Tod liegen dicht beisammen

PA

Aufgabe 11: **a)** *Informiert euch, wie die Menschen in eurem Ort/eurer Stadt nach ihrem Tod beigesetzt werden!*

b) *Fragt in eurer Familie verschiedene Personen, welche Beisetzung sie erlebt haben und wie sich die Beteiligten dabei fühlten!*

EA

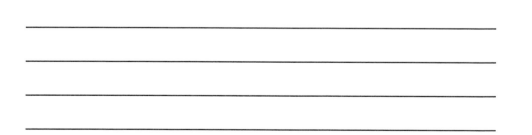

Aufgabe 12: *Was, glaubst du, kommt nach dem Tod? Ist dann alles vorbei oder gibt es ein Leben nach dem Tod?*

GA

Aufgabe 13: *Wie würdet ihr euch ein Leben nach dem Tod vorstellen? Sammelt eure Vorschläge!*

KOHL VERLAG RELIGION UND ETHIK Grundwissen kurz, knapp und klar! – Bestell-Nr. 19 041

Rund um den Tod

EA

Aufgabe 14: **a)** *Ergänze die fehlenden Vokale!*

Todes...

_ng_l
z_ll_
d_t_m
_hn_ng
sp_r_l_
schw_dr_n
sch_ss
q_ _l
_pf_r
m_t
str_f_
k_mpf
g_f_hr
f_lg_
f_ll

b) *Ergänze die fehlenden Vokale in den zusammengesetzten Adjektiven!*

tot...

tr_ _r_g
bl_ss
_l_nd
_rnst
l_ngw_ _l_g
kr_nk
m_d_
sch_ck
s_ch_r
_ngl_ckl_ch

c) *Was ist mit den angesprochenen Wörtern gemeint? Welche weiteren Substantive/Nomen und Adjektive fallen dir ein, die mit „Todes...“ bzw. „tot...“ beginnen?*

KOHL VERLAG
RELIGION UND ETHIK
Grundwissen kurz, knapp und klar! – Bestell-Nr. 19 041

Nachdenken über den Tod

Manche Menschen sehen dem eigenen Tod gelassen entgegen, andere quält der Gedanke daran sehr – weitere Personen wollen darüber überhaupt nicht sprechen. Die folgenden Aufgaben sprechen den Tod direkt an. Solltest du die Fragen wirklich nicht beantworten wollen, bleib einfach leise sitzen und störe die anderen nicht!

EA

Aufgabe 15: **a)** *Auf welche Weise möchtest du sterben, wenn du die Wahl hast?*

____

____

b) *Angenommen, du wärst unheilbar sterbenskrank. Würdest du um Sterbehilfe bitten? Warum (nicht)?*

____

____

c) *Wo und wie möchtest du beigesetzt werden?*

____

____

d) *Wie sollte dein Grab später aussehen?*

____

____

e) *Was wäre auf deinem Grabstein zu lesen?*

____

____

f) *Was passiert wohl mit deiner Seele nach dem Tod?*

____

____

12 Leben und Tod liegen dicht beisammen

EA

Aufgabe 16: *Was fällt dir ein, wenn du an das Wort „Tod“ denkst? Notiere acht einzelne Wörter!*

____________________ ____________________

____________________ ____________________

____________________ ____________________

____________________ ____________________

EA

Aufgabe 17: *Betrachte die Todesanzeige genau! Was erfährst du über die verstorbene Person?*

Statt Karten

Was du im Leben hast gegeben,
dafür ist jeder Dank zu klein.
Du hast gesorgt für deine Lieben
von früh bis spät, tagaus, tagein.
Nun ruhen deine fleißigen Hände,
dein gutes Herz, es schlägt nicht mehr.
Wir ahnten nicht, daß schon dein Ende
für dich so schnell gekommen war.

Wenn die biologische Lebensuhr das Ende zeigt, heißt es »Abschied« nehmen. Was für uns bleibt, ist die Erinnerung – vor allem, wenn sie positiv ist.
Heitmann
(Juli 1995)

Nach einem tatenreichen und erfüllten Leben ging in die Ewigkeit mein lieber Mann, unser guter Vater, Schwiegervater, Großvater, Schwager und Onkel

Gustav Heitmann

im 78. Lebensjahr.

In stiller Trauer und Dankbarkeit

Anni Heitmann geb. Meyer
Friedhelm Heitmann und Frau Adela
mit Nicole und Sebastian
Helmut Heitmann und Angelika Steinmaus
mit Timo
und alle, die ihn lieb- und gern hatten

Zeven, Buchenstraße 14, den 4. Juli 1995
(früher Hesedorf)

Die Trauerfeier findet am Sonnabend, dem 8. Juli 1995, um 10.30 Uhr in der Friedhofskapelle Zeven statt.

Von Beileidsbekundungen am Grabe bitten wir abzusehen.

Aus Zevener Zeitung vom 7.7.1995

EA

Aufgabe 18: *Entwirf auf einem Extrablatt eine Todesanzeige! Was ist dir wichtig, was der Leser über den Verstorbenen erfährt?*

Auszüge aus 10 verschiedenen Todesanzeigen

A	„...hat gekämpft und doch verloren. Viel zu früh ist ... von uns gegangen."
B	„Als die Kraft zu Ende ging, war es kein Sterben, sondern Erlösung."
C	„Nichts wird so sein, wie es einmal war."
D	„Der Glaube tröstet, wo die Liebe weint."
E	„Du bist nicht mehr da, wo du warst, aber du bist überall, wo wir sind."
F	„Einschlafen dürfen, wenn man müde ist, und eine Last fallen lassen dürfen, die man lange getragen hat, ist eine wunderbare Sache."
G	„Alles hat seine Zeit. Es gibt eine Zeit der Freude, eine Zeit des Schmerzes, der Trauer und eine Zeit der dankbaren Erinnerung."
H	„Gute Menschen gleichen Sternen, sie leuchten noch lange nach ihrem Erlöschen."
I	„Der Tod ist nur der Horizont unseres Lebens, aber der Horizont ist nur das Ende unserer Sicht."
J	„Der Tod ist nicht das Ende, er ist der Anfang eines tollen neuen Abenteuers."

EA

Aufgabe 19: **a)** *Was wird in den vorliegenden Auszügen aus Todesanzeigen empfunden?*

___

___

___

b) *Was wird an Trost und Zuversicht geäußert?*

___

___

___

___

c) *Welcher der genannten Auszüge aus einer Todesanzeige sagt dir am meisten zu? Begründe deine Meinung!*

___

___

___

KOHL VERLAG
RELIGION UND ETHIK
Grundwissen kurz, knapp und klar! – Bestell-Nr. 19 041

Alles über Sterbehilfe – ein problematisches Thema

EA

Aufgabe 20: *Trage die passenden Zahlen in die entsprechenden Kästchen ein!*

A	Das ist Sterbehilfe.	
B	Passive Sterbehilfe.	
C	Aktive Sterbehilfe.	
D	Sterbehilfe in Deutschland.	
E	Sterbehilfe in Belgien und den Niederlanden	
F	Argumente für aktive Sterbehilfe.	
G	Argumente gegen aktive Sterbehilfe.	
H	Das ist Sterbebegleitung.	

1

- „Der Mensch hat das Recht zur Selbstbestimmung."
- „Es ist schlimm, große Schmerzen zu ertragen."
- „Gott kann eigentlich nicht den Willen haben, Menschen über ihre Kräfte hinaus leiden zu lassen."

7

Patienten werden vor und beim Sterben gepflegt und betreut (= Sterbebeistand). Einrichtungen zur Pflege sowie Betreuung von Sterbenden werden Hospize genannt (hospes [lateinisch] = Gast).

6

- „Missbrauch der Sterbehilfe ist möglich."
- „Nur Gott darf nehmen, was er gegeben hat."
- „Der Auftrag der Ärzte lautet, Leben zu erhalten und zu schützen."

5

Bestimmte Maßnahmen werden bewusst unterlassen, um das Leben von unheilbar kranken bzw./und sterbenden Menschen nicht zu verlängern. Beispiele: Das Beatmungsgerät wird abgestellt. Die künstliche Ernährung wird aufgegeben.

4

Die passive sowie die aktive Sterbehilfe sind in Belgien erlaubt. Grundvoraussetzung dafür ist: Der Patient ist körperlich unheilbar krank, leidet unerträglich und wünscht ausdrücklich den Tod. Ebenso wie in den Niederlanden sind die passive Sterbehilfe und die aktive Sterbehilfe gesetzlich gestattet. Die aktive Sterbehilfe darf nicht nur bei physisch unheilbar Kranken, sonders auch bei Patienten mit dauerhaften psychischen Leiden durchgeführt werden.

8

Die passive Sterbehilfe ist gesetzlich erlaubt. Die aktive (= direkte) Sterbehilfe ist per Gesetz verboten, sie wird bestraft.

3

Sie umfasst alle Tätigkeiten von der Unterstützung beim Sterben bis hin zur unmittelbaren Tötung von unheilbar kranken und/oder sterbenden Menschen.

2

Auf Wunsch bzw. oder Verlangen der Patienten wird deren Tod herbeigeführt. Beispiele: Todbringende Tabletten werden verabreicht. Eine Spritze wird gegeben, die den Tod bewirken soll.

12 Leben und Tod liegen dicht beisammen

EA

<u>Aufgabe 21</u>: a) *Sterbehilfe – was ist damit gemeint?*

____

____

____

b) *Was versteht man unter passiver Sterbehilfe?*

____

____

____

c) *Was ist aktive Sterbehilfe?*

____

____

____

PA

<u>Aufgabe 22</u>: a) *Welche Sterbehilfe ist in Deutschland gesetzlich erlaubt, welche ist verboten?*

____

____

____

b) *Welche gesetzlichen Bestimmungen zur Sterbehilfe gibt es in anderen Ländern (z.B. in Belgien und den Niederlanden)?*

____

____

____

KOHL VERLAG
RELIGION UND ETHIK
Grundwissen kurz, knapp und klar! – Bestell-Nr. 19 041

12 Leben und Tod liegen dicht beisammen

PA

Aufgabe 23: **a)** *Welche Argumente sprechen gegen die aktive Sterbehilfe? Nennt mindestens drei Beispiele!*

- ______________________________
- ______________________________
- ______________________________

b) *Welche Argumente sprechen für die aktive Sterbehilfe? Nennt mindestens drei Beispiele!*

- ______________________________
- ______________________________
- ______________________________

c) *Sterbebegleitung – was ist das?*

____

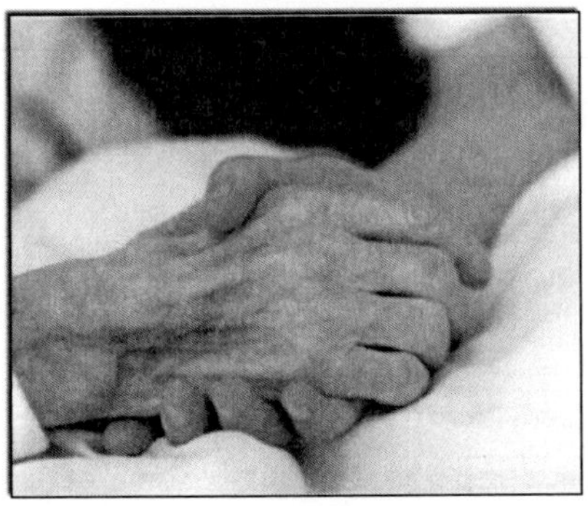

____

KOHL VERLAG
RELIGION UND ETHIK
Grundwissen kurz, knapp und klar! – Bestell-Nr. 19 041

Leben und Tod liegen dicht beisammen

EA

Aufgabe 24: *Der deutsche Bundespräsident Horst Köhler sagte: „Nicht durch die Hand eines anderen Menschens sollen die Menschen sterben, sondern an der Hand eines anderen.“ Was meinte er damit?*

EA

Aufgabe 25: *Welche Meinung hast du zur (passiven und aktiven) Sterbehilfe? Schreibe ausführlich mit deinen eigenen Worten!*

KOHL VERLAG RELIGION UND ETHIK Grundwissen kurz, knapp und klar! – Bestell-Nr. 19 041

12 Leben und Tod liegen dicht beisammen

Todesstrafe

In manchen Ländern gibt es die Todesstrafe, in den meisten jedoch nicht mehr. Zum Beispiel in den USA, in China und im Iran besteht noch die Todesstrafe, in der Bundesrepublik Deutschland ist sie seit 1949 abgeschafft. Todesstrafen werden durch Erhängen, Enthaupten, elektrischen Strom, Giftgas, Erschießen, Steinigung ... vollzogen.

EA

Aufgabe 26: *Es werden unten zehn Meinungen genannt. Ordne richtig zu und notiere entsprechend, ob die jeweilige Meinung für oder gegen die Todesstrafe spricht!*

- „Gott sollte über Leben oder Tod entscheiden, nicht Menschen."
- „Sein ganzes Leben hinter Gittern zu verbringen ist schlimmer als der Tod."
- „Die Todesstrafe kann abschreckend wirken."
- „Möglicherweise wird durch ein Fehlurteil ein Unschuldiger getötet."
- „Die Hinrichtung kann mit sehr großen Qualen verbunden sein."
- „Wer einen anderen Menschen tötet oder dafür verantwortlich ist, hat selbst den Tod verdient."
- „Man kann durchaus Menschen zum Guten erziehen."
- „Wer mordet, hat kein Recht zum Weiterleben."
- „Gleiches sollte mit Gleichem vergolten werden."
- „Die Unterbringung von Tätern in Gefängnissen kostet den Staat viel Geld."

Meinungen für die Todesstrafe	Meinungen gegen die Todesstrafe

EA

Aufgabe 27: *Was hältst du von der Todesstrafe? Schreibe deine Meinung auf die Blattrückseite oder in dein Heft/in deinen Ordner!*

RELIGION UND ETHIK
Grundwissen kurz, knapp und klar! – Bestell-Nr. 19 041
KOHL VERLAG

Die Todesstrafe kann keinen Mord verhindern

Argumente von Befürwortern und Gegnern

HAMBURG Jedes Mal, wenn in den USA ein Mensch hingerichtet wird, brandet die Diskussion über den Sinn der Todesstrafe wieder auf. Die MOPO untersucht die wichtigsten Argumente von Befürwortern und Gegnern.

These 1: Die Todesstrafe ist abschreckender als andere Strafen. Bisher hat keine wissenschaftliche Studie bewiesen, dass von der Todesstrafe eine abschreckendere Wirkung ausgeht als von einer langen Freiheitsstrafe. Denn: Die meisten Tötungsdelikte werden im Affekt ausgeübt. Der Täter stellt dabei keine Überlegungen zu strafrechtlichen Konsequenzen an. Bei geplanten Verbrechen dagegen handelt der Täter erst, wenn er meint, nicht überführt werden zu können.

These 2: Die Todesstrafe senkt die Kriminalitätsrate. Statistiken zeigen, dass in keinem Staat die Kriminalität zunimmt, wenn die Todesstrafe abgeschafft wird. In Kanada ist die Zahl der Tötungsdelikte seit Abschaffung der Strafe 1977 stark zurückgegangen, während sie in US-Bundesstaaten mit Todesstrafe auf höherem Niveau stagniert oder gestiegen ist.

These 3: Die Todesstrafe ist eine gerechte Strafe für Schwerverbrecher. Auch Mörder haben das von den Menschenrechten garantierte Recht auf Leben. Es ist paradox zu töten, um zu zeigen, dass Morde Unrecht sind. Zudem kann man nie sicher sein, den Schuldigen zu haben. Seit 1973 wurden in den USA 120 Häftlinge aus den Todeszellen geholt, weil sie unschuldig waren.

These 4: Auge um Auge, Zahn um Zahn. Der Wunsch der Opfer-Angehörigen nach Vergeltung ist menschlich zwar verständlich, doch eine wirkliche Wiedergutmachung ist durch die Hinrichtung des Täters nicht möglich. Meistens leiden die Familien genauso weiter.

These 5: Eine Hinrichtung ist billiger als eine langjährige Haft. In Sachen Menschlichkeit dürfen Kosten-Nutzen-Rechnungen keine Rolle spielen. Niemand käme auf die Idee, Alte oder unheilbar Kranke umzubringen. Zudem zeigt sich, dass die Tötung von Häftlingen teurer ist als eine Haftunterbringung. Berufungs- und Revisionsverfahren, Unterbringung im Todestrakt - all das ist teuer.

Quelle: Text aus der Hamburger Morgenpost vom 24.08.2007, Autorin: Nina Gesner
Mit freundlicher Genehmigung der Hamburger Morgenpost.

12 Leben und Tod liegen dicht beisammen

EA

Aufgabe 28: *Welche Thesen zur Todesstrafe werden genannt? Zähle auf!*

EA

Aufgabe 29: *Welchen Standpunkt hast du bezüglich der Todesstrafe?*
Begründe deinen Standpunkt!

GA

Aufgabe 30: *Diskutiert in der Gruppe über das Thema Todesstrafe!*
Seid ihr dafür oder dagegen? Sammelt Argumente!

KOHL VERLAG
RELIGION UND ETHIK
Grundwissen kurz, knapp und klar! – Bestell-Nr. 19 041

Abtreibung

EA

Aufgabe 31: *Setze die folgenden Begriffe in die Lücken ein!*

Freiheitsstrafe - Gefährdung - Gesetz - Leben - Mord - Mutterleib - Probleme - Schwangerschaftswochen - Todesstrafe - Vergewaltigung

a) Mit Abtreibung ist der Abbruch der Schwangerschaft gemeint, mit anderen Worten die Abtötung der Leibesfrucht im ____________________ .

b) In der Bundesrepublik Deutschland ist der Schwangerschaftsabbruch per ____________________________ (§ 218 Strafgesetzbuch) geregelt.

c) Der Schwangerschaftsabbruch in den ersten 12 __________________________ durch eine Ärztin bzw. einen Arzt ist zulässig, wenn die Schwangere mindestens 3 Tage vorher an einer anerkannten Schwangerschaftsberatung teilgenommen hat.

d) Im Fall einer __________________________ ist die Abtreibung ebenfalls in den ersten 12 Schwangerschaftswochen erlaubt.

e) Sofern eine schwerwiegende körperliche oder seelische ___________________ der Schwangeren vorliegt, kann bis zur 22. Schwangerschaftswoche die Schwangerschaft abgebrochen werden.

f) Je länger die Frau schwanger ist, desto eher können beim Abbruch der Schwangerschaft __________________________ auftreten.

g) Wer außerhalb der genannten Fristen und Voraussetzungen eine Schwangerschaft abbricht, muss mit einer ___________________________________ bis zu 3 Jahren oder mit einer Geldstrafe in Deutschland rechnen.

h) Für die Abtreibung gab es in Deutschland früher (noch in der 1. Hälfte des 19. Jahrhunderts) die __________________________________ , später ab dem Jahre 1871 fünf Jahre Zuchthaus.

KOHL VERLAG RELIGION UND ETHIK Grundwissen kurz, knapp und klar! – Bestell-Nr. 19 041

i) Auch in der Gegenwart wird die Abtreibung von manchen Personen und Organisationen (katholische Kirche . . .) als „ ____________________ “ betrachtet.

j) Andere sind der Meinung, dass erst ab dreimonatiger Schwangerschaft von einem wirklichen ________________________ des ungeborenen Kindes gesprochen werden kann.

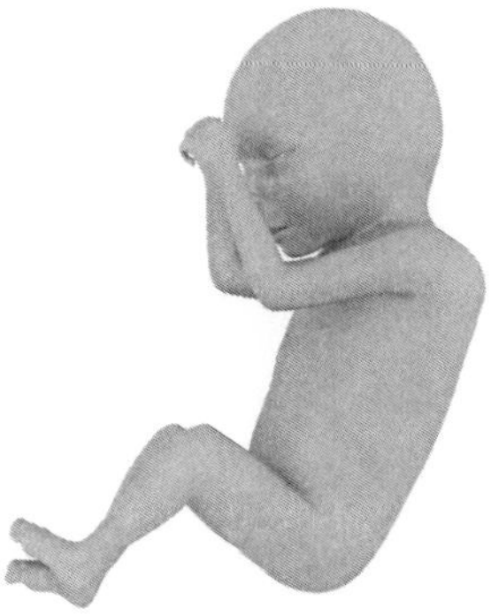

EA

<u>Aufgabe 32</u>: **a)** *Wie stehst du zum Thema Abtreibung? Schreibe <u>deine</u> Meinung auf!*

____

____

____

____

____

____

PA

b) *Warum meint ihr, dass Frauen abtreiben? Findet Gründe!*

____

____

____

____

c) *Tausche dich mit einem Partner aus!*

GA

<u>Aufgabe 33</u>: *Informiert euch! Wie kann einer Frau im Falle einer ungewollten Schwangerschaft geholfen werden?*

KOHL VERLAG
RELIGION UND ETHIK
Grundwissen kurz, knapp und klar! – Bestell-Nr. 19 041

13 Die Lösungen

1

Aufgabe 1: **a)** Religion; **b)** Glauben; **c)** Götter; **d)** Welt; **e)** Weltreligionen; **f)** Christen; **g)** Naturreligionen; **h)** Sekten; **i)** Glaubensfreiheit; **j)** Atheisten

Aufgabe 2: Individuelle Lösungen!

Aufgabe 3: Religion = bedeutet Gottesverehrung; Götter = an viele Götter glaubten z.B. die Griechen; Hinduismus = eine Weltreligion; Islam = eine Weltreligion; Lebensführung = wird oft nach der Religion ausgerichtet; Naturerscheinungen = werden z.B. bei den Naturreligionen vereint; Sekten = kleinere Glaubensgemeinschaften mit oft „zweideutigen" Zielen; Atheisten = Menschen, die keiner Religion angehören

Aufgabe 4: Das Christentum ist mit 2.300 Millionen Anhängern die Weltreligion mit den meisten Anhängern weltweit. Das Christentum ist vorwiegend in Europa, Südafrika und Amerika vertreten.
Der Islam ist mit 1.300 Millionen Anhängern die Weltreligion mit den zweitmeisten Anhängern weltweit. Seine Verbreitung konzentriert sich auf Asien, den Nahen Osten und Nordafrika. Der Islam ist die Weltreligion, die laut Prognosen bis 2050 den stärksten Zulauf haben wird.
Der Hinduismus ist eine mittelgroße Weltreligion mit etwa 850 Millionen Anhängern. Sein Verbreitungsgebiet ist der Mittlere bis Ferne Osten. Mit prognostizierten 350 Millionen mehr Glaubensanhängern ist der Hinduismus die am zweitschnellsten wachsende Weltreligion.
Der Buddhismus ist eine kleinere Weltreligion mit etwa 450 Millionen Anhängern und konzentriert sich auf den fernöstlichen Bereich rund um China.
Das Judentum ist mit Abstand die kleinste Weltreligion (17 Millionen Anhänger) und hauptsächlich in den Staaten Israel, USA sowie in kleinen Gruppen weltweit vertreten.

Aufgabe 5: **a)** Juden; **b)** Israel; **c)** Geschichte; **d)** Jahwe; **e)** Gesandten; **f)** Davidstern; **g)** Synagogen; **h)** Sabbat; **i)** Sünden; **j)** Thora

Aufgabe 7: Neben vielen Gemeinsamkeiten liegt der wichtigste Unterschied darin, dass die Juden Jesus nicht als den Messias ansehen. Sie warten noch auf den Messias.

Aufgabe 8: **a)** Gläubigen; **b)** Nazareth; **c)** Römer; **d)** Sohn; **e)** Kreuz; **f)** Bibel; **g)** Gott; **h)** Gebote; **i)** Pfingsten; **j)** Katholiken

Aufgabe 10: Das Wort Christus kommt aus der griechischen Sprache und heißt übersetzt „der Gesalbte".

Aufgabe 11: **a)** Wort; **b)** Mohammedaner; **c)** Mohammed; **d)** Allah; **e)** Nordafrika; **f)** Halbmond; **g)** Koran; **h)** Moscheen; **i)** Ramadan; **j)** Kaaba

Aufgabe 12: Die 5 Säulen des Islams sind: das Glaubensbekenntnis, das fünfmalige Beten am Tag, Fasten im Ramadan, Almosen, Pilgerfahrt nach Mekka

Aufgabe 13: **a)** Indien; **b)** Oberbegriff; **c)** Brahma; **d)** Wiedergeburt; **e)** Pflanze; **f)** Kühe; **g)** Kasten; **h)** Andersgläubige; **i)** Feiertage; **j)** Ganges

Aufgabe 14: Individuelle Lösungen!

Aufgabe 15: **a)** Siddharta Gautama; **b)** Buddha; **c)** Vorbild; **d)** Tod; **e)** Leben; **f)** Regeln; **g)** Nirwana; **h)** Rauschmittel; **i)** Rad; **j)** Ostasien

Aufgabe 17: Hinduismus: Brahma, Heilige Kühe, Indien, Kasten, Shiva, Vishnu
Buddhismus: „der Erleuchtete", kein Gott, Nirwana, Rad mit acht Speichen, Siddharta Gautama, Verbreitung in Süostasien und Ostasien
Judentum: Davidstern, Israel, Jahwe, Rabbiner, Synagoge, Thora
Christentum: Bibel, Jesus, Katholiken, Kreuz, Protestanten, Ostern
Islam: Allah, Kaaba, Koran, Mekka, Moscheen, Ramadan

Aufgabe 18: **a)** Hindus; **b)** Wiedergeburt; **c)** Juden; **d)** Synagogen; **e)** Nirwana; **f)** Buddhismus; **g)** Bibel; **h)** Jesus; **i)** Islam; **j)** Koran Lösungswort: Religion

2

Aufgabe 1: Individuelle Lösungen!

Aufgabe 2: Individuelle Lösungen!

Aufgabe 3: Individuelle Lösungen!

Aufgabe 4: Individuelle Lösungen!

Aufgabe 5: Individuelle Lösungen!

Aufgabe 6: Individuelle Lösungen!

Aufgabe 7: Siehe Infotext auf Seite 25!

KOHL VERLAG RELIGION UND ETHIK Grundwissen kurz, knapp und klar! – Bestell-Nr. 19 041

13 Die Lösungen

2

Aufgabe 8: **a)** Sprache; **b)** Menschen; **c)** Denker; **d)** Instinkt; **e)** Erziehung; **f)** Religion; **g)** Normen; **h)** Sprichwörter; **i)** Gewissen; **j)** Morallehre

Aufgabe 9: Individuelle Lösungen!

Aufgabe 10:
a) Auf herkömmliche, überlieferte Werte, die zu befolgen sind.
b) „Was du nicht willst, das man dir antut, das füge auch keinem anderen zu!"
c) Höflichkeit, Mitgefühl, Demut, Gastfreundschaft, Toleranz, Hilfsbereitschaft, Wohlwollen
d) Das ist eine ernsthafte, belehrende und ermahnende Ansprache, wie man sich aufgrund traditioneller Werte vernünftig zu verhalten hat.
e) Die betreffende Person setzt sich über herkömmliche Werte (= Normen) hinweg.

Aufgabe 11: Individuelle Lösungen!

Aufgabe 12: Individuelle Lösungen!

Aufgabe 13: Individuelle Lösungen!

Aufgabe 14: Individuelle Lösungen!

Aufgabe 15: Individuelle Lösungen!

Aufgabe 16: Individuelle Lösungen!

Aufgabe 17: Individuelle Lösungen!

Aufgabe 18: Individuelle Lösungen!

3

Aufgabe 1: **a)** Es geht um ein neues mögliches Unterrichtsfach „Benehmen", Benehmen allgemein, Werte, Normen, Disziplin und Vorbilder.

Aufgabe 2:
a) Durch das Verhalten mancher Schüler fände Frau Schweitzer das Schulfach „gutes Benehmen" gar nicht so verkehrt.
b) Individuelle Lösungen!
c) In der Musik oder im Fernsehen werden Vorbilder gefunden. Diese glänzen leider zu oft durch schlechtes Benehmen.
d) Individuelle Lösungen!

Aufgabe 3:
a) Respekt, Höflichkeit, Ordnungs- und Pflichtbewusstsein, ... Sich an die üblichen Werte und Normen der jeweiligen Gesellschaft halten, sozusagen an deren „Spielregeln".
b) Beim Vorstellungsgespräch z.B., weil da auch der erste Eindruck sehr entscheidend ist.
c) Beispielsweise die veränderten Vorbilder. Heute oft Stars, die selbst kein gutes Benehmen zeigen.

Aufgabe 4: Individuelle Lösungen!

Aufgabe 5: Individuelle Lösungen!

Aufgabe 6: Individuelle Lösungen!

4

Aufgabe 1:
a) Es geht um einen Streit, der immer mehr eskaliert. Keiner von beiden möchte zurückstecken.
b) Individuelle Lösungen!
c) Um zu zeigen, wie sinnlos Streit eigentlich ist.
b) Individuelle Lösungen!

Aufgabe 2:
a) Individuelle Lösungen!
b) mit Gewalt, der Schwächere unterliegt; mit Versöhnung in Form eines Gesprächs; mit dem Eingreifen anderer
c) „Streithähne" bekommen durch ihr Verhalten oft Ärger mit ihrer Umwelt.
c) Individuelle Lösungen!

Aufgabe 3:
a) Bei einem Streit lenkt der Besonnene ein.
b) Zwei Streithähne, die eigentlich unversöhnlich zerstritten sind, kommen schnell wieder zusammen, wenn es eine gemeinsame Sache zu bekämpfen gibt.
c) Ein Dritter hat den Vorteil, dass zwei sich um etwas streiten und dabei aus dem Auge verlieren, worum es eigentlich geht. Dadurch gelingt es ihm, das Objekt des Streites für sich zu gewinnen.
d) Wohlerzogene Menschen brüllen nicht bei einem Streit.
e) Wer einen Streit vom Zaum bricht, muss mit Konsequenzen rechnen.

Aufgabe 4: Individuelle Lösungen!

Aufgabe 5: Individuelle Lösungen!

KOHL VERLAG RELIGION UND ETHIK Grundwissen kurz, knapp und klar! – Bestell-Nr. 19 041

4

Aufgabe 6: Individuelle Lösungen!

Aufgabe 7:
a) Mädchen sind in unseren Köpfen eher ruhiger und zurückhaltender. Ihnen fehlt die entsprechende Menge des gewaltfördernden Hormons Testosteron.
b) Liebe und angepasste Mädchen haben gegenüber ihren männlichen Altersgenossen zu viele Nachteile erlebt. Ihr Rollenbild gerät ins Wanken. Mittlerweile nutzt jedes zehnte Mädchen körperliche Gewalt, um bestimmte Ziele durchzusetzen. Viele junge Mädchen zeigen sich schnell genauso gewaltbereit wie diese neuen gewaltbereiten weiblichen „Vorbilder".
c) Gewaltbereite Mädchen stammen meist aus armen Verhältnissen mit geringem Bildungsniveau oder aus zerrütteten Familien.
d) Individuelle Lösungen!

Aufgabe 8: **a)** Respekt; **b)** Begriff; **c)** Achtung; **d)** Menschen; **e)** Zeitwort (Verb); **f)** Toleranz; **g)** Ansicht; **h)** Meinung; **i)** Adjektiv; **j)** Gegenteil

5

Aufgabe 1: Individuelle Lösungen!

Aufgabe 2:
a) Das Gewissen, das frei von Schuldgefühlen ist.
b) Ein Gewissen mit Schuldgefühlen.
c) Jemanden an sein Gewissen zu erinnern, damit er eine bestimmte Sache oder Situation so einschätzt, dass bei ihm/ihr Schuldgefühle oder eben keine entstehen.
d) Wer frei ist von Schuldgefühlen, kann gut schlafen und beruhigt durchs Leben gehen.

Aufgabe 3: Individuelle Lösungen!

Aufgabe 4: **a)** Verhalten; **b)** Gründen; **c)** Notlüge; **d)** Untersuchung; **e)** Psychologen; **f)** Himmel; **g)** Sprichwort; **h)** Gerät; **i)** Geboten; **j)** Wahrheit

Aufgabe 5: Individuelle Lösungen!

Aufgabe 6: Individuelle Lösungen!

6

Aufgabe 1: spielen, Familie, Gesundheit, Freunde, Ruhe, Kinder, Beruf, Regen, Liebe (Tod)

Aufgabe 2: Individuelle Lösungen!

Aufgabe 3: Individuelle Lösungen!

Aufgabe 4: Mögliche Lösung: kein Streit; eine Wohnung, in der ich mich wohlfühle; meine Familie (Mann, Kinder, Eltern, Geschwister); einen schönen Beruf; ehrliche Freunde; meine Haustiere; Gesundheit

Aufgabe 5:
a) Ironie, in einer gewissen Situation kann man etwas ganz und gar nicht gebrauchen.
b) Man hat etwas Unüberlegtes oder Unvernünftiges getan, dies ist schiefgelaufen, jedoch hatte man dabei noch Glück, dass nichts Schlimmeres passiert ist.
c) Etwas ist passiert – etwas Unglückliches – trotzdem ist jemandem persönlich in diesem Pech nichts Schlimmes zugestoßen.
d) Für seinen Erfolg (in allen Bereichen) muss man hart arbeiten.
e) Jeder ist für sein Leben und dessen Ablauf selbst verantwortlich.

Aufgabe 6: Individuelle Lösungen!

Aufgabe 7: Individuelle Lösungen!

Aufgabe 8: Individuelle Lösungen!

Aufgabe 10:
a) unzuverlässig, feige, ängstlich, unfair, nicht gerecht ...
b) Hendriks Freunde wissen, dass sie einen großen Fehler gemacht haben. Sie haben ein schlechtes Gewissen und sind zu feige, um nun dafür geradezustehen, Hendrik in die Augen zu schauen und sich zu entschuldigen.

Aufgabe 11: Mögliche Lösung: Kompromisse, Gespräche, Vertrauen, Spaß und Freude, Zeit, Erinnerungen, gemeinsame Projekte und Ziele

Aufgabe 12:
1. Freunde sind im Leben sehr wichtig.
2. Man kann nicht mit allen Menschen befreundet sein. Besser nur ein paar Freunde, dafür aber richtige!
3. Besser einen richtigen Freund haben, als sich zehn oberflächliche warmhalten.
4. Wenn es einem schlecht geht, erkennt man die wahren Freunde.
5. Freunde sind in jeder Situation füreinander da.
6. Man sollte sich bei Freunden regelmäßig melden.
7. Für eine Freundschaft muss man immer etwas tun.
8. Gute Freunde sind sich oft ähnlich und stets ehrlich.
9. Geht eine Freundschaft zu Bruch (durch Streit), ist es oft schwer, sie wieder neu aufzubauen.
10. Geld macht Freundschaft meistens kaputt.

6

Aufgabe 14: Man hat so starke Gefühle für einen anderen Menschen, dass man sie spüren kann. Es kribbelt im Bauch. Man sagt, es fliegen Schmetterlinge darin.

Aufgabe 15: <u>Mögliche Lösung</u>: Vertrauen, Küssen, Sehnsucht, Eifersucht, Vermissen, Weinen, Lachen, Glück

Aufgabe 16: **b)**
1. Diesen Spruch kann man auch umdrehen: Pech im Spiel – Glück in der Liebe!
2. Necken – so teilen sich viele ihre Zuneigung mit.
3. Wenn man verliebt ist, sieht man nichts anderes mehr als den Partner.
4. Man hat Schmetterlinge (Kribbeln) im Bauch, man hat keinen Hunger, man kocht und isst gemeinsam.
5. Durch eine Beziehungspause lassen sich Gefühle auffrischen.
6. Hat man sich einmal in jemanden verliebt, so bestehen zwischen diesen Personen (meistens) immer Gefühle, auch wenn sie wieder getrennt sind.
7. Menschen lassen sich durch Geld oder materielle Werte beeinflussen.
8. Liebeskummer muss nicht sein.
9. Das Äußere eines Menschen beeinflusst das Verlieben.
10. In der Liebe sollte man nicht zu eifersüchtig und streng miteinander sein, aber auch nicht zu locker miteinander umgehen, sonst geht die Beziehung womöglich kaputt.

Aufgabe 17: **b)** Übung macht den Meister. Ohne Fleiß kein Preis. Es ist noch kein Meister vom Himmel gefallen. Wo ein Wille ist, ist auch ein Weg. Viele Wege führen nach Rom. Das halbe Leben besteht aus Ordnung. Morgenstund hat Gold im Mund. Eigenlob stinkt. Zu viele Köche verderben den Brei. Kleider machen Leute. Wer den Pfennig nicht ehrt, ist des Talers nicht wert. Spare in der Zeit, dann hast du in der Not. Wer andern eine Grube gräbt, fällt selbst hinein. Wer nicht hören will, muss fühlen. Reden ist Silber, Schweigen ist Gold.

Aufgabe 18: Individuelle Lösungen!

Aufgabe 19: **a)** Personen; **b)** Gesellschaft; **c)** Gesetz; **d)** Schichten; **e)** Randgruppen; **f)** Normen; **g)** Rolle; **h)** Ausländer; **i)** Probleme; **j)** Vereinzelung

Aufgabe 20: Individuelle Lösungen!

Aufgabe 21: <u>Mögliche Lösung</u>: Herrchen/Frauchen (füttern, pflegen); Schwester/Bruder (Vorbild, aufpassen, beschützen); Sohn/Tochter (Nachkomme, Gesprächspartner, Haushaltshilfe, Pflege); Schüler (Zuhörer, Lernender, Neugieriger); Freund (Zuhörer, Verbündeter, Spielkamerad); Teamkollege (positive Unterstützung, gemeinsame Ziele)

Aufgabe 22: **a)** Sprache; **b)** Gegenteil; **c)** Religion; **d)** Gott; **e)** Konfession; **f)** Glaubenslehre; **g)** Kräfte; **h)** Volksreligionen; **i)** Freitag; **j)** Kleeblatt

Aufgabe 23:
a) Man hält etwas für wahr, ohne dass es überprüft worden ist oder dass die Möglichkeit dazu besteht, es zu überprüfen. Wer glaubt, bekennt sich meist zu seiner Religion, ohne Beweise für sie zu haben.
b) Aberglaube beschreibt den Glauben an geheimnisvolle Kräfte (Hexen und Geiser).
c) Individuelle Lösungen!

Aufgabe 24: <u>Mögliche Lösung</u>: Glück: vierblättriges Kleeblatt, Ruß vom Schornsteinfeger, Hufeisen (Glück sammeln), Schafe zur Linken und das Glück wird dir winken, Porzellan werfen (Polterabend)
Unglück: schwarze Katze von links, Freitag der 13., unter einer Leiter durchgehen, ein Spiegel bricht

Aufgabe 25: Petra: aus Überzeugung; Rebecca: Erziehung; Johannes: Krankheit und Lesen in der Bibel; Linda: Tod und Trauer (Hilfe - Selbstmord); Joachim: Tod und Menschen

Aufgabe 26: Individuelle Lösungen!

8

Aufgabe 1:
a) Individuelle Lösungen!
b) Ich finde Vorbilder wichtig für Menschen. Besonders, wenn diese Vorbilder nette Charakterzüge zeigen oder besonders gute Taten vollbringen. Da möchte man selbst diesem Vorbild ein bisschen nacheifern. So verinnerlicht man schneller positive Eigenschaften.
c) Individuelle Lösungen!
c) Individuelle Lösungen!
e) Stellen wir uns einmal vor, die von Kindern und Jugendlichen angehimmelten Stars und Idole haben negative Charakterzüge oder konsumieren zu viel Alkohol oder Drogen. Einige würden auch dabei ihren Stars bzw. Idolen nacheifern. Das wäre wirklich gefährlich.
f) Personen, die von Kindern täglich gesehen werden und auch als Autoritätspersonen auftreten, werden von den Kindern in ihren Verhaltensweisen imitiert. Wird ein negatives Verhalten gezeigt, wird dies auch schnell imitiert. Ebenso wie jedes Kleinkind lernt, indem es seine Eltern nachmacht.

Aufgabe 2: Individuelle Lösungen!

Aufgabe 3: Individuelle Lösungen!

13 Die Lösungen

9

Aufgabe 1: **a)** Zusammenleben; **b)** Meinung; **c)** Menschen; **d)** Eigenschaften; **e)** Deutschen; **f)** Gesellschaftsschichten; **g)** Wahrnehmungstäuschungen; **h)** Atomkerne; **i)** Verantwortung; **j)** Feindbilder

Aufgabe 2: Eindeutige Vorurteile: a), b), d), e), h), i)

Aufgabe 3: Individuelle Lösungen!

Aufgabe 4:
a) Ein Vorurteil besteht aus einer im Voraus gebildeten Meinung. Ein Urteil bildet man sich erst, nachdem man etwas selbst erlebt, gesehen, gefühlt usw. hat.
b) Vorurteile werden oft gegenüber Ausländern oder Jugendlichen geäußert.
c) aus Angst, durch ihre Erziehung, durch die Aussagen und Einflüsse der Mitmenschen
d) Wer Vorurteile hat, kann diesen Menschen nicht mehr offen begegnen. So passiert es schnell, dass man ganz anders wahrgenommen wird oder auftritt, als man tatsächlich ist. Außerdem können durch Vorurteile andere Menschen dazu verleitet werden, ebenfalls einer bestimmten Gruppe oder Person feindlich entgegenzutreten.

Aufgabe 5: Individuelle Lösungen!

Aufgabe 6:
a) Ausländer sind faul. Ausländer stinken. Ausländer leben auf unsere Kosten.
b) Deutsche trinken zu viel Bier. Deutsche sind kühl und unfreundlich. Deutsche sind verschlossen.
c) Vorurteile basieren oft auf mangelnder Kenntnis der anderen Kultur.
d) Individuelle Lösungen!

Aufgabe 7:
a) Die Deutschen und die Ausländer bekämpfen sich durch dumme Vorurteile eher, als dass sie zusammenkommen.
b) Begegnen sich die verschiedenen Nationalitäten, haben sie hinterher oft andere Meinungen voneinander. Ein Besuch im anderen Land oder Literatur über die fremde Kultur kann auch helfen.
c) Individuelle Lösungen!

10

Aufgabe 1: **a)** Wort; **b)** Selbstachtung; **c)** Personen; **d)** Ansehen; **e)** Stolz; **f)** Anerkennung; **g)** Ehrenurkunde; **h)** Versprechen; **i)** Grundgesetz; **j)** Rache

Aufgabe 2: **a), b) & c)** Individuelle Lösungen

Aufgabe 3: **a)** mit einem Schwur versprochen; **b)** unentgeltlich tätig sein; **c)** den Ehrgeiz herausfordern; **d)** sehr anständig, lobenswert; **e)** treu, sorglich aufbewahren; **f)** erfolgreich durchführen; **g)** mit einer Auszeichnung absolvieren; **h)** herabsetzen, verleumden; **i)** kein Ehrgefühl besitzen; **j)** zu Grabe geleiten

Aufgabe 4:
a) Die Mädchen sind vor der Ehe nicht mehr jungfräulich. Die Frauen gehen in einer Ehe fremd. Die Frauen sind vor der Ehe schwanger. Durch das Verhalten der Mädchen sind die Schwestern auf dem Heiratsmarkt uninteressant (in vielen Ländern werden die Töchter versprochen bzw. verheiratet. Die Mädchen haben also kein Recht, selbst ihren Partner auszuwählen). Die jungen Frauen leben ein eigenes Leben mit eigenem (oft westlichem) Stil und lehnen familiäre Konventionen ab.
b) Mit der Ehre steigt auch die Achtung und das Ansehen der Familie.

Aufgabe 5: Individuelle Lösungen!

Aufgabe 6: Individuelle Lösungen!

Aufgabe 7: Individuelle Lösungen!

Aufgabe 8: Individuelle Lösungen!

11

Aufgabe 1: **a)** Verlangen; **b)** Nomen/Substantiv; **c)** Abhängigkeit; **d)** Workaholic; **e)** Alkoholiker; **f)** Drogen; **g)** Kaffee; **h)** Haschisch; **i)** Drogentoten; **j)** Sehnsucht

Aufgabe 2: Legale Drogen sind erlaubt, z.B. Alkohol oder Nikotin. Illegale Drogen sind laut Gesetz verboten, z.B. Exstasy oder alle möglichen Arten von „harten“ Drogen.

Aufgabe 3: Probleme lösen manchmal eine Einnahme von Drogen aus, damit dadurch Unangenehmes verdrängt oder beschönt wird. Die Drogeneinnahme führt zum Rausch. Dem Drogenrausch folgt die Ernüchterung. Die Probleme sind immer noch vorhanden, also betäubt man sich erneut mit Drogen. Ein weiteres Problem ist hinzugekommen: die Abhängigkeit nach einer Droge.

Aufgabe 4: Mit Doping ist die verbotene Einnahme von Drogen bzw. Medikamenten gemeint, die Sportler einnehmen, um ihre Leistungen illegal zu steigern. Dopingmittel sind oft auch verbotene chemische Substanzen. Doping kann genauso zur Abhängigkeit führen wie die Einnahme von Drogen.

Aufgabe 6: Von links nach rechts: Langeweile, Gruppenzwang, Werbung, Neugierde, Verzweiflung, Geltungsbedürfnis, Coolness, geringes Selbstwertgefühl, Nervosität

11 **Aufgabe 7:** Individuelle Lösungen!

Aufgabe 8: Individuelle Lösungen!

Aufgabe 9: Individuelle Lösungen!

12 **Aufgabe 1:** Von oben nach unten: Lebensangst, Lebensberatung, Lebenserwartung, Lebensform, Lebensfreude, Lebensgemeinschaft, Lebenshaltungskosten, Lebenskünstler, Lebensmotto, Lebensschicksal

Aufgabe 2: Individuelle Lösungen!

Aufgabe 3: Individuelle Lösungen!

Aufgabe 4: Individuelle Lösungen!

Aufgabe 5: Individuelle Lösungen!

Aufgabe 7: Individuelle Lösungen!

Aufgabe 8: **a)** Blut; **b)** Körper; **c)** Geist; **d)** Psyche; **e)** Seele; **f)** Tod; **g)** Lebewesen; **h)** Redensart; **i)** Allerseelen

Aufgabe 9:
a) Individuelle Lösungen!
b) Unter Seelenverwandschaft versteht man, dass zwei Menschen oder Mensch und Tier ähnlich empfinden, denken und fühlen.
c) Wenn wir gut essen und trinken, freuen sich unser Körper und die Seele. Das Wohlbefinden wird hergestellt und gesteigert.

Aufgabe 10: **a)** Leben; **b)** Herz; **c)** Hirntod; **d)** Leichenstarre; **e)** Altersschwäche; **f)** Asche; **g)** Trauer; **h)** Erlösung; **i)** Hölle; **j)** Allah

Aufgabe 11: Individuelle Lösungen!

Aufgabe 12: Individuelle Lösungen!

Aufgabe 13: Individuelle Lösungen!

Aufgabe 14:
a) Von oben (12 Uhr beginnend): Todeszelle, Todesdatum, Todesahnung, Todesspirale, Todesschwadron, Todesschuss, Todesqual, Todesopfer, Todesstrafe, Todesmut, Todeskampf, Todesgefahr, Todesfolge, Todesfall, Todesengel
b) Von rechts (3 Uhr beginnend): totlangweilig, totkrank, totmüde, totschick, totsicher, totunglücklich, tottraurig, totblass, totelend, toternst
c) Individuelle Lösungen!

Aufgabe 15: Individuelle Lösungen!

Aufgabe 16: Individuelle Lösungen!

Aufgabe 17: Name; Alter; etwas über seine Familie und die Rollen, die er in seiner Familie einnahm; über die Zuneigung und Dankbarkeit, die ihm seine Familie entgegenbrachte; dass sogar ein Gedicht für ihn geschrieben wurde; wo und wann die Trauerfeier stattfindet; dass keine Beileidsbekundungen am Grab gewünscht werden sollen

Aufgabe 19: Individuelle Lösungen!

Aufgabe 20: Zusammengehörende Paare: A - 3; B - 5; C - 2; D - 8; E - 4; F - 1; G - 6; H - 7

Aufgabe 21:
a) Sie umfasst alle Tätigkeiten von der Unterstützung beim Sterben bis hin zur Betreuung von unmittelbar kranken und/oder sterbenden Menschen.
b) Bestimmte Maßnahmen werden bewusst unterlassen, um das Leben von unheilbar kranken bzw. sterbenden Menschen nicht zu verlängern. Beispiele: Das Beatmungsgerät wird abgestellt. Die künstliche Ernährung wird aufgegeben.
c) Auf Wunsch oder Verlangen der Patienten wird deren Tod herbeigeführt. Beispiele: Todbringende Tabletten werden verabreicht. Eine Spritze wird gegeben, die den Tod bewirken soll.

Aufgabe 22:
a) Die passive Sterbehilfe ist gesetzlich erlaubt. Die aktive Sterbehilfe ist per Gesetz verboten, sie wird bestraft.
b) Die passive sowie die aktive Sterbehilfe (z.B. in den Niederlanden) sind erlaubt. Grundvoraussetzung dafür ist: Der Patient ist körperlich unheilbar krank, leidet unerträglich und wünscht ausdrücklich den Tod. Ebenso wie in den Niederlanden sind die passive Sterbehilfe und die aktive Sterbehilfe gesetzlich gestattet. Die aktive Sterbehilfe darf nicht nur bei physisch unheilbar Kranken, sondern auch bei Patienten mit dauerhaften psychischen Leiden durchgeführt werden.

KOHL VERLAG RELIGION UND ETHIK Grundwissen kurz, knapp und klar! – Bestell-Nr. 19 041

13 Die Lösungen

12

Aufgabe 23: **a)** Der Mensch hat das Recht zur Selbstbestimmung. Es ist schlimm, große Schmerzen zu ertragen. Gott kann eigentlich nicht den Willen haben, Menschen über ihre Kräfte hinaus leiden zu lassen.
b) Missbrauch der Sterbehilfe ist möglich. Der Auftrag der Ärzte lautet, Leben zu erhalten und zu schützen. Nur Gott darf nehmen, was er gegeben hat.
c) Patienten werden vor und beim Sterben gepflegt und betreut (= Sterbebeistand). Einrichtungen zur Pflege sowie Betreuung von Sterbenden werden Hospize genannt.

Aufgabe 24: Menschen sollten beim Sterben von anderen liebevoll begleitet werden und nicht durch aktive Sterbehilfe ihr Leben lassen.

Aufgabe 25: Individuelle Lösungen!

Aufgabe 26: Dafür: Die Todesstrafe kann abschreckend wirken. Wer einen anderen Menschen tötet oder dafür verantwortlich ist, hat selbst den Tod verdient. Wer mordet, hat kein Recht zum Weiterleben. Gleiches sollte mit Gleichem vergolten werden. Die Unterbringung von Tätern in Gefängnissen kostet den Staat viel Geld.
Dagegen: Gott sollte über Leben und Tod entscheiden, nicht Menschen. Sein ganzes Leben hinter Gittern zu verbringen ist schlimmer als der Tod. Möglicherweise wird durch ein Fehlurteil ein Unschuldiger getötet. Die Hinrichtung kann mit sehr großen Qualen verbunden sein. Man kann durchaus Menschen zum Guten erziehen.

Aufgabe 27: Individuelle Lösungen!

Aufgabe 28:
- Die Todesstrafe ist abschreckender als andere Strafen.
- Die Todesstrafe senkt die Kriminalitätsrate.
- Die Todesstrafe ist eine gerechte Strafe für Schwerverbrecher.
- Auge um Auge, Zahn um Zahn.
- Eine Hinrichtung ist billiger als eine langjährige Haft.

Aufgabe 29: Individuelle Lösungen!

Aufgabe 31: **a)** Mutterleib; **b)** Gesetz; **c)** Schwangerschaftswochen; **d)** Vergewaltigung; **e)** Gefährdung; **f)** Probleme; **g)** Freiheitsstrafe; **h)** Todesstrafe; **i)** Mord; **j)** Leben

Aufgabe 32: Individuelle Lösungen!

Aufgabe 33: Institutionen wie pro familia oder örtliche Beratungsstellen helfen schwangeren Frauen und Mädchen, meistens ohne die Eltern zu informieren.